El perro del hortelano

European Masterpieces
Cervantes & Co. Spanish Classics N° 52

General Editor: Tom Lathrop

El perro del hortelano

Félix Lope de Vega Carpio

Edited and with notes by

ADRIENNE LASKIER MARTÍN
University of California, Davis

ESTHER FERNÁNDEZ RODRÍGUEZ
Sarah Lawrence College

Cervantes & Co.

NEWARK ❦ DELAWARE

Cover: Pietro Antonio Rotari, "Young Girl Writing A Love Letter" c. 1755

FIRST EDITION

Copyright © 2011 by European Masterpieces
An imprint of LinguaText, Ltd.
270 Indian Road
Newark, Delaware 19711
(302) 453-8695
Fax: (302) 453-8601
www.JuandelaCuesta.com

MANUFACTURED IN THE UNITED STATES OF AMERICA

ISBN 978-1-58977-078-2

EUROPEAN
Masterpieces

Table of Contents

To our students

Acknowledgments

The idea for this edition of *El perro del hortelano* emerged from an undergraduate course on "Golden Age Theater: Text and Performance" that we co-taught at the University of California, Davis in 2004. We thank those initial student members of our *Grupo de Teatro La Poltrona* for their enthusiasm, dedication, and willingness to experiment with staging a series of Golden Age plays, including this one. Special thanks go to Carla Horta (Diana), Santiago Calderón (Teodoro) and Saadia Kahn (Marcela) for bringing Lope's words to life with such verve. Since then many other students have shared particular difficulties they experienced with the text, allowing us to annotate in a way that we hope will be helpful to advanced undergraduates. We thank Professor Vern G. Williamsen for his generosity in allowing us to use the electronic version of this play from the Association of Hispanic Classical Theater website as the basis for our edition. Finally, we thank Tom Lathrop, editor of the Cervantes & Co. series, for providing the opportunity for us to edit one of Lope's most entertaining plays.

Introduction to Students

1. LOPE DE VEGA: LIFE AND WORKS

Félix Lope de Vega y Carpio (1562-1635), also known as the "The Phoenix of Spain," "The Phoenix of Spanish Wits" or, as Cervantes dubbed him, "The Prodigy of Nature," was one of the most influential and enigmatic Spanish baroque playwrights and poets. Renown for his prolific literary output, his biographer Juan Pérez de Montalbán estimated that he wrote up to 1,800 three-act plays, clearly an exaggerated and anecdotal number. Nonetheless, approximately 425 plays have survived, in addition to 400 *autos sacramentales* (one-act plays that commemorate the Eucharist) and a prodigious number of poetry and prose works. In addition to his plays and *autos*, Lope renewed and updated the aesthetics of classical theater in his dramatic manifesto *Arte nuevo de hacer comedias en este tiempo* (1609) and composed ballads, *villancicos*, *letrillas*, sonnets, and pastoral and epic poems, among other types of poetry. Among other works, he authored a pastoral novel, *La Arcadia* (1598); a Byzantine novel, *El peregrino en su patria* (1604); a collection of novellas, *Novelas a Marcia Leonarda* (1621); a fictional autobiographical narrative in dialogue form, *La Dorotea* (1632); and a great number of personal and professional letters in his dual role as close friend and private secretary to the Duke of Sessa. Lope is equally as famous, however, for his tumultuous personal life, and as Alexander Samson and Jonathan Thacker have said: "The 'Lope myth' which has grown up around him presents the man as a flawed character possessed of a unique genius" (1).

Lope de Vega was born of modest origins, the son of a master embroiderer, in Madrid in November or December of 1562. At ten years of age he began studying Latin with the poet Vicente Martínez Espinel, and entered a Jesuit school, Madrid's *Colegio Imperial,* one year later. He was a precocious student, but abandoned his studies in 1577 when the Bishop of Ávila, Jerónimo Manrique, noted his talent and took him under his wing. It is possible that the Bishop enrolled Lope at the University of Alcalá de Henares, where he began studying for the priesthood. However, the future playwright abandoned his religious career four years later after falling in love for the first time. Although Lope did not complete his formal education, he was an autodidact and humanist scholar. In 1583 he enlisted in the army and served in Álvaro de Bazán's successful naval expedition to the Azores to quell Portuguese resistance there to the Spanish crown. By this time Lope was already an established poet and playwright in Madrid, capable of earning a decent living from his writing. Lope also worked throughout his life as a secretary to several members of the nobility.

After his first romantic adventure in Alcalá, in 1583 Lope met Elena Osorio (the "Filis" of his poetry and the "Dorotea" of the eponymous novel), a married actress and daughter of the well-known actor/ director, Jerónimo Velázquez. Lope and Osorio had a steamy five-year love affair, which she ended to take another lover. Lope took revenge by writing a series of libelous satirical poems against Osorio and her family, for which he was arrested in Madrid's Corral de la Cruz and sentenced to exile: eight years from Madrid and two years from Castile. His dialogued novel *La Dorotea* (Lope describes it as an "action in prose"—*acción en prosa*) is an account of his affair with Osorio and was initially written at the peak of his infatuation.

Lope's next romantic conquest involved the voluntary abduction of seventeen-year-old Isabel de Urbina, the "Belisa" of his poetry, whom he quickly married. They eventually had two daughters, Antonia and Teodora; both died in infancy. Immediately following his marriage in 1588, Lope set sail with the so-called Invincible Armada to fight against England. Upon his return to Spain, Lope moved to Valencia with Isabel to initiate his exile. This city, along with Madrid and Seville, was a theatrical hub; Lope became actively involved in Valencia's culture and language and wrote prolifically for the theater.

After two years in Valencia he worked as private secretary to the Duke of Alba in Toledo and at the ducal seat of Alba de Tormes, a town southeast of Salamanca.

In 1594 his young wife Isabel died in childbirth, and the baby Teodora shortly thereafter. Lope's exile had been commuted, and he returned to Madrid and promptly became involved with Antonia Trillo de Armenta, a young widow in her thirties. In 1596 this relationship resulted in another lawsuit, this one for cohabitation. Two years later, Lope started working for the Marquis of Sarria, in whose employ he remained until 1600. By this time Lope had already met the young married actress, Micaela de Luján ("Luscinda" and "Camila Lucinda" in his poetry); she became his muse for the next twenty years, and the mother of several of his children. This long-term affair did not prevent him from opportunistically marrying Juana de Guardo, the daughter of a rich merchant, with whom he had four children: Jacinta, Juana, Carlos Félix (his favorite), and Feliciana; the first three all died in childhood.

Lope's next and last bureaucratic job was serving as secretary to the Duke of Sessa in Toledo, where he maintained households with both Micaela de Luján and Juana de Guardo. By 1608, Lope had become a leading poet and playwright in Spain. In 1609 he published his *Arte nuevo de hacer comedias en este tiempo*, a dramatic manifesto in which he detailed his formula for writing commercially successful plays. By 1610 he had moved from Toledo to Madrid, where he underwent a number of difficult and painful personal circumstances. His son Carlos Félix (Carlillos) died in 1612, and Juana in 1613. The intensity of these tragic losses, combined with the guilt he felt for his many indiscretions, led to a spiritual crisis and Lope sought refuge in religion. He joined several religious orders, wrote religious plays exclusively, and in Toledo in 1614, while still serving under the Duke of Sessa, he was ordained a priest.

Lope did not sacrifice his social life for his religious vocation, however. Before his ordainment, he met Jerónima de Burgos, an actress and friend of Micaela de Luján. Lope wrote several plays that displayed her acting talents, such as *La dama boba*, and took up residence with her only a few months after Juana de Guardo's death. In 1616 Lope met another actress, Lucía de Salcedo ("la loca"), with whom he lived while she acted in several of his plays. In the same year Lope became involved in his last and most meaningful relationship, with Marta de Nevares ("Amarilis"). Lope fell in love with Marta when she was in her twenties and in an arranged marriage with Roque Hernández. Lope and Marta had a child together, Antonia Clara, who was legitimized by Marta and her legal husband.

In 1627 Lope received a doctorate in theology from the Collegium Sapientiae theological seminary and the Cross of the Order of Malta for his verse epic dedicated to Pope Urban VIII, *La corona trágica*. Marta obtained a separation decree from her husband, who died soon thereafter. This circumstance did not improve the couple's situation since Lope's religious status precluded them from marrying. Nonetheless, they lived together in the house that Lope had bought for Juana de Guardo, along with the children from his previous relationships and their daughter Antonia Clara. Lope's last years were personally devastating. His daughter Marcela (with Micaela de Luján) professed as a nun and in 1621 entered the nearby Trinitarian convent; Lope never saw her again. Marta de Nevares lost her sight and consequently her sanity, and died in 1632. Lope's son Lope Félix (with Micaela de Luján) died on a military expedition to the island of Margarita in 1634, and in that same year his youngest daughter, Antonia Clara, was abducted and abandoned at the age of seventeen. Lope apparently never saw her again.

Lope de Vega died in Madrid in August of 1635 at the age of seventy-three. His funeral, financed by the Duke of Sessa, was an event of national transcendence, with 150 funeral orations and a cortege that passed in front of the Convento de las Trinitarias Descalzas so that Lope's daughter Marcela de San Félix could see him before he was buried in the nearby Church of San Sebastian. However, as Samson and Thacker point out in the introduction to *A Companion to Lope de Vega*, it has been hypothesized that some of the funeral celebrations in his honor were suspended because of his "intense emotional chronicle" (7). Ironically, this very same flawed love life fed his iconic legend.

2. THE *COMEDIA* AS GENRE

As Melveena McKendrick points out in her study of Golden Age theater, the term *comedia* or *comedia nueva* identifies the genre that merged learned and popular Spanish drama in the sixteenth-century (72). Theater historians have estimated the total number of *comedias* written in seventeenth-century Spain at 10,000 plays and 1,000 *autos sacramentales* (McKendrick 73). As mentioned in the previous section, Lope de Vega was the main promoter (in part due to his tremendous productivity) of this genre that became the form of national entertainment *par excellence.*[1] At the time, the modern notion of copyright did not exist and playwrights sold their plays directly to the *autores de comedia* (theatrical directors and entrepreneurs) and theater companies. Lope was forced to write constantly to meet the demand for his plays, and his overwhelming success marks the triumph of popular theatre in Europe, equaled in importance only by English Elizabethan drama.

Lope's treatise, *Arte nuevo de hacer comedias en este tiempo*, was originally a 389-verse address delivered before the *Academia de Madrid*. In it Lope develops an innovative dramatic formula that rejects classical "rules" and redefines the main characteristics of the genre by effectively transforming theater into a commercial art "subject to the law of supply and demand" of the *corrales* (McKendrick 184). Lope establishes the principle of artistic freedom and abandons the Aristotelian unities of time and place. He creates a hybrid and more versatile genre that merges tragedy and comedy into *tragicomedia*. For Lope, the purpose of the *comedia* is threefold: (1) to imitate human actions, (2) to reflect social customs, and (3) to entertain and move the audience. Above all, Lope emphasizes (following the Horacian precept) that the *comedia* is meant to simultaneously delight and teach.

Regarding the utility of Lope's *Arte nuevo*, Melveena McKendrick remarks the following: "It is important to realize that the formula

---

1   As mentioned before, Lope's dramatic production has been estimated at 1,500 to 1,800 *comedias* and 400 *autos sacramentales*; however, taking into account losses and misattributions, McKendrick feels that a more realistic (if still optimistic) accounting of his dramatic production is 800 plays (72). More recently, Felipe Pedraza Jiménez has estimated Lope's output to be approximately 400 *comedias* (62-63). Lope himself in his *Arte nuevo*, which dates from the midpoint of his career, claims to have written 483 *comedias*.

developed by Lope as a sort of kit of characteristics and ingredients which worked for both dramatist and audience was basically an enabling device. Its genius resided in its elasticity, in the ease with which it could be imitated and adapted" (75).

The basic pattern of a *comedia* is to distribute the action across the three acts. The first introduces the main conflict or conflicts, the second develops the plot, and the third act resolves the conflict(s) with a rapid denouement. *Comedias* are approximately 3,000 verses long and utilize a variety of meters which are matched to specific situations. For example, Lope says that *décimas* are for complaints, sonnets are appropriate for soliloquies, ballads and *octavas* narrate actions, tercets express serious situations, and *redondillas* suit matters of love. He utilizes practically all of these meters in *El perro del hortelano*.

Critics have emphasized the need to categorize and classify the extensive corpus of *comedias* thematically into subgenres. However, this is very difficult to do since subject matters often overlap. Some of the most popular and clearly identifiable subgenres are the religious *comedia* (inspired by saints' lives), the historical *comedia* (based on historical events), the mythological *comedia* (inspired by mythology), the cloak-and-dagger *comedia* (in which intrigue and action lie at the heart of the plot), the urban *comedia* (set in cities), the palatine *comedia* (set in palaces), peasant plays (whose protagonists are peasants), and tragedies (characterized by tragic endings such as in wife-murder plays). Because the *comedia* was conceived above all else as escapist entertainment, it is generally tragicomic in nature, mixing tragic and comic elements that lead to a happy ending.

Because Lope's *comedias* tend to emphasize plot and action over character development, characters are generally stock types whose actions are predictable. Nonetheless, they are not stick figures and are individuals within their type. Lope rarely engages in deep psychological analysis, and tends to concentrate instead on his characters' actions and passions. The most common characters—excluding those of the religious *comedias*—are lovers; servants; *graciosos*; patriarchal figures such as a father, uncle, or brother; monarchs and nobles: kings, princes, dukes, counts and, in some cases, their female counterparts. From a thematic perspective, the *comedia* underscores traditional Spanish values and is generally ideologically conformist, especially with respect to social and religious matters.

3. THE *COMEDIA* IN PERFORMANCE

Because seventeenth-century theater was written exclusively for the stage, understanding the performative aspects of the *comedia* is key to understanding the nature of the genre itself. Once a professional writer had finished a *comedia*, he or she sold it directly to the director of a theater company (known as an *autor de comedias*). Many of the plays were written to suit the specific capabilities and needs of a particular company, based on the number of actors in the company, the ratio of male to female performers in a guild, or the specific physical attributes or acting talent of a popular actress. In fact, actresses were indispensible to the Golden Age stage and the principal ones often earned more than the male leads.

Plays were usually staged in playhouses known as *corrales de comedias*. The two main ones in Madrid were the Corral del Príncipe, established in 1583, and the Corral de la Cruz, established in 1579; both were located in the popular and centrally located theater district. This neighborhood, situated in the heart of old Madrid, is now known as the *Barrio de las letras*. Although Madrid had been the cultural and political capital since 1561 (with a transfer to Valladolid from 1601 to 1606), many other towns and cities such as Almagro, Sevilla and Valencia evolved rich dramatic traditions and had their own *corrales*.[2]

The design of the *corral* was an open yard or patio surrounded on three sides by neighboring buildings. The stage was situated at one end, with the entrance on the opposite side. Wooden benches (*gradas*) were located along the sides and an open space in the middle was occupied by the groundlings who viewed the performance standing up. Female spectators occupied a special area called the stew-pot (*cazuela*),

---

2   We encourage students and instructors to consult José María Ruano de la Haza's virtual reconstruction of the *Corral del Príncipe* (1583-1744) to visualize the interior architecture of a *corral*: http://aix1.uottawa.ca/~jmruano/index.html. See also the illustrations in Pedraza Jiménez's *Lope de Vega* (2009).

which had its own exit to the street; this was meant to segregate the sexes and prevent inappropriate behavior. The second floor boxes (*aposentos*) were the curtained windows or balconies of adjoining houses that could be rented for private viewings. The uppermost part of the *corral* contained an area reserved for the clergy, known as the *tertulia*. The average capacity of a *corral* was between 1,000 and 2,000 persons, and of the 2,000 tickets put on sale for the event 350 were reserved for women. The public was generally demanding and noisy, and the groundlings' rowdy behavior and reactions could determine a play's success or failure.

The theatrical spectacle was not limited to the *comedia* alone, since the audience's pre-performance interactions were as sociologically relevant as the play itself. Performances began between two and four in the afternoon, depending on the time of year, although most people arrived around noon; they ended at five or six. Located inside the playhouse and next to the entrance was a sort of pre-modern snack bar—the *alojero*—that sold wafers, fruit and *aloja*, a drink made with water and honey.

Many spectators would attempt to enter without paying, and there were endless arguments about seating and when the performance would begin. Sometimes people played practical jokes by throwing stink bombs, rotten food, and other unpleasant objects into the audience. A much repeated anecdote among theater historians recounts an event from 1656 when King Philip IV ordered a private showing for women so that he and the queen could set loose one hundred mice into the *cazuela* and watch the resulting chaos from a window. The plan was eventually abandoned for fear that pregnant spectators might miscarry.

The municipal authorities controlled prices, which were accessible to all; the cheapest seat was half a *real* (when a laborer earned 3 *reales* a day), and the most expensive in the *aposentos* cost twelve *reales*. Spectators paid twice, once at the main entrance and again at the entrance to the *patio*, *cazuela* or *aposentos*. The performance included other attractions as well as the three-act play. The *comedia* usually began with a *loa*, a brief welcome song performed with guitar accompaniment by the company's most popular actor. The *loa* was followed by the first act, which was succeeded by an *entremés*, a short farce or interlude whose theme was unrelated to the *comedia* and usually served as comic relief. The second act was followed by a dance and, finally, the third and last act of the *comedia*.

During Lope de Vega's time the scenery and special effects utilized in the *corrales* were minimal and fairly primitive, quite different from what occurred in court theater that utilized extremely baroque paraphernalia and settings. The few props that were used had a codified symbolism that was understood by the audience: a chair implied that the scene took place indoors, and a flower pot indicated that the characters were in a garden. Costumes were magnificent and costly, but contemporary always. In sum, the *comedia* was an enormously popular social and performative feast for the senses, and was enjoyed by all social classes together.

4. *El Perro Del Hortelano*: the Play on the Page

"El perro del hortelano" (*the dog in the manger*) is a proverbial phrase with origins in a fable attributed to Aesop. It refers to people who spitefully prevent others from having something for which they themselves have no use. In Lope's play the female protagonist, Diana, Countess of Belflor, pays no attention to her secretary's qualities until Marcela praises them. Diana then comes to desire Teodoro; however, her honor prevents her from becoming involved with a man from a social rank inferior to her own. Personal desires eventually conquer social constraints and as McKendrick remarks, "A hymn to the promptings of desire, *El perro del hortelano*, like the mujer esquiva plays, represents the triumph within the self of nature over the artificial restraints placed upon it by society and socialized individuals" (98).

The play was published in 1618, but its precise composition date is difficult to establish. Most critics concur that 1613 is the most probable date based on historical references contained in the play. Another scholarly debate surrounds its primary source; the most likely hypothesis is that it originates from a short story by the Italian novelist Bandello, whose novellas were a very popular source for many Golden Age playwrights.

Summary of Act I

The first act opens *in medias res* with Teodoro and Tristán fleeing in the middle of the night. After interrogating her female servants, Countess Diana discovers that the two trespassers were her secretary and his servant. Teodoro has been courting Marcela, one of her ladies-in-waiting. Diana immediately starts to fantasize about her secretary's qualities, realizing that although she had noticed them "a thousand times" before, she had never seriously considered them due to the inequality of their social ranks. Consumed by envy, the countess initiates a foolish seduction game and asks Teodoro to write a poem to a "friend" justifying how love can be born of jealousy. In the middle of her courting game Diana receives her cousin, the Marquis Ricardo, who proposes to her.

While Marcela and Teodoro are sealing their engagement with an amorous embrace, Diana interrupts them and uses the excuse of their inappropriate behavior to lock Marcela in her room until their wedding. Diana then uses Marcela's absence to lure her secretary, and subtly make him aware of her growing desire for him.

Summary of Act II

Act II opens with Count Federico and Marquis Ricardo waiting outside the church to see Diana after Sunday mass. At this point Teodoro is unsure of Diana's feelings for him, but finally decides to spurn Marcela and bet on a much more promising relationship with the countess. Marcela is suspicious of Teodoro's intentions and decides to play the same game with Fabio, another servant in Diana's household, in the hopes of making Teodoro jealous.

Diana continues to aggressively play the role of the dog in the manger with Teodoro by alternately seducing him and then spurning him when he tries to get close to her. Teodoro is confused when Diana asks him for advice on whom to choose for a husband (Marquis Ricardo or Duke Federico), goes back to Marcela—his social equal— and repents of his foolish romantic ambition. But as soon as Diana sees him back with Marcela, she confesses her feelings—between the lines—in a letter she furiously dictates to Teodoro. When Teodoro tells her that he has deciphered her feelings, Diana takes refuge in her honor and denies her emotions once more. When Teodoro mentions the prospect of returning to Marcela, Diana slaps him, threatening to kill him if he does.

SUMMARY OF ACT III

In this act Ricardo and Federico suspect that Diana is in love with Teodoro. Vengeful out of hurt pride, the noblemen plot to murder Teodoro by hiring Tristán as a paid assassin, not knowing that he is their victim's servant. Tristán accepts in order to protect his master, who is ready to sacrifice his love for Diana and leave Naples for Spain in order to save his life. When Teodoro is ready to depart, Diana unveils her true feelings and despairs of losing him for good. Marcela asks her permission to accompany Teodoro, but Diana refuses and insists that she marry Fabio instead.

When it seems that there is no hope for Diana and Teodoro, Tristán dresses himself as a Greek merchant and tracks down Count Ludovico, a wealthy old nobleman whose son, also named Teodoro, had been kidnapped by pirates as a child and the count has not seen him since. Tristán pretends to have found the missing son, and Ludovico accepts the joyful coincidence without asking too many questions. This *deus ex machina* provides Teodoro the opportunity to become a nobleman and marry Diana in an equal union; nevertheless, Teodoro reveals the swindle of his fabricated nobility to the countess. Diana responds to Teodoro's honesty by accepting his nobility of character to an even greater degree. Tristán is the only one still in danger since he knows the truth of Teodoro's identity, but he promises to keep the secret and remain faithful to the happy couple. The *comedia* ends happily with three weddings: Diana and Teodoro, Marcela and Fabio, and Dorotea and Tristán.

Versification

Act I

Redondilla	1-240
Romance	241-324
Soneto	325-338
Redondilla	339-550
Soneto	551-564
Romance	565-688
Octava	689-752
Redondilla	753-756
Soneto	757-770
Redondilla	771-890
Décima	891-970
Romance	971-1172
Soneto	1173-1186

Act II

Redondilla	1187-1266
Endecasílabo suelto	1267-1271
Endecasílabo pareado	1272-1277
Décima	1278-1327
Redondilla	1328-1643
Endecasílabo pareado	1644-1647
Redondilla	1648-1655
Romance	1656-1723
Octava	1724-1739
Romance	1740-1793
Soneto	1794-1807
Quintilla	1808-1987
Romance	1988-2071
Letter in prose	2026-2028
Octava	2072-2119
Soneto	2120-2133
Romance	2134-2245

Soneto	2246-2259
Romance	2260-2359

ACT III

Redondilla	2360-2415
Endecasílabo suelto	2416-2508
Octava	2509-2548
Endecasílabo suelto	2549-2561
Soneto	2562-2575
Redondilla	2576-2715
Soneto	2716-2729
Redondilla	2730-2761
Romance	2762-2921
Octava	2922-2985
Décima	2986-3025
Redondilla	3026-3073
Endecasílabo suelto	3074-3138
Redondilla	3139-3198
Endecasílabo suelto	3199-3231
Redondilla	3232-3263
Romance	3264-3383

NOTES ON LANGUAGE

Although the Spanish language has changed relatively little since the Golden Age (as compared, for example, to English), several grammatical and spelling variations are worth noting in order to facilitate comprehension.

Seventeenth-century orthography had not been regularized as it is today and can vary slightly from contemporary Spanish, often for reasons of rhyme or scansion. These variations, that reveal contemporary pronunciation, have been retained in the text and are included in the glossary.

Some spellings were different for several reasons, and are easily understood:

agora = ahora
ansí = así
deciséis = dieciséis
estraño = extraño
inorancia = ignorancia
medecina = medicina
solenice = solemnice
sostituyó = sustituyó

De + adjective or pronoun contracted:

desta = de esta
desa = de esa

Words with a *ct* in the middle were usually simplified to just *t:*

defeto = defecto
Otavio = Octavio
respeto = respecto
vitoria = victoria

There are a few interesting traits with verbs. Infinitives with attached pronouns that begin with *l* change their final *r* to *l.* This practice, known as assimilation, facilitated pronunciation:

celeprallo = celebrarlo
escuchalle = escucharle
matalle = matarle
prevenillo = prevenirlo
querella = quererla
servillo = servirlo

The cluster *dl* in the middle of words was largely unknown except in *vos* and *vosotros* commands with attached pronouns. Through a process called metathesis these two sounds switched to aid pronunciation:

decildes = decidles
despachalde = despachadle
servilde = servidle
pegalde = pegadle
contalde = contadle

The conditional tense was just being invented, so the past subjunctive could be used instead:

fuera = sería

The future subjunctive tense was used in the Golden Age. Today it's meaning in most uses is communicated using the present subjunctive. Its forms resemble today's past subjunctive (*hablara, comiera, abriera*), but with –*re* endings (*hablare, comiere, abriere*). An example from our play is v. 3061: **Si le abrieres**=*If you were to open it.*

Occasionally articles differ from today's usage, such as *el* (*la*) *amistad* and *la* (*el*) *color.*

Single words from the text that are defined in the margin are followed by °. If a phrase is defined in the margin, it is preceded by ' and followed by °. Sometimes there are too many words to fit in the margin and they spill over to an indented following line. If a word in the following line is defined as well, a semicolon precedes it.

FORMS OF ADDRESS

A common form of address used between individuals of the same social class, or by a person of a superior class to an inferior, is *vos*, which uses the modern second person plural (*vosotros*) verb endings and the *os* object pronoun. Since Diana is a countess, she is addressed as "Vuestra Señoría" (Your Ladyship); this roughly corresponds to the term *Vuestra Merced*, which evolved into today's *Usted* and uses its verb forms. Note, however, that Diana and her ladies-in-waiting commonly address each other using *tú*, not *vos*, which in the context of this play suggests greater familiarity.

5. *El Perro del Hortelano* in Performance: in Film and on the Stage[3]

In contrast with Great Britain, Spain has not taken full advantage of adapting its rich classical dramatic patrimony to cinema, and only seven adaptations of Lope de Vega's plays have been filmed since 1947. Of these, the most successful by far was Pilar Miró's 1995 *El perro del hortelano*, an unexpected runaway box office hit that brought Spanish drama to a much wider audience. Her film was the first effort to create a textually faithful cinematic version of a Golden Age *comedia* in its entire artistic splendor, and according to Duncan Wheeler three factors were key to its mass appeal: the Compañía Nacional de Teatro Clásico's growing success in promoting classical drama; the interest sparked in young audiences by the films *Much Ado about Nothing* (1993) and *Cyrano de Bergerac* (1990); as well as Miró's prestige as a film and stage director (293). Miró demonstrated both the universality and the versatility of Golden Age theater.

Beyond this film's popularity with audiences, it is an excellent research and pedagogical tool for instructors and academics, and an innovative and attractive addition to *comedia* and performance studies. We highly recommend its use in the college classroom to enhance the study of Lope's play, and have incorporated Miró's film into the pedagogical exercises included in this edition.

El perro del hortelano has also enjoyed a successful stage trajectory both in Spain and beyond. According to Javier Huerta Calvo, it was the third most popular Lope de Vega play staged by professional and semi-professional companies both outside Spain (see Table 1) and in Spain (see Table 2) between 1930 and 2006.

Table 1: Performances of *El perro del hortelano* abroad

Lope de Vega. *The Dog in the Manger*. Dir. Victor Dixon. Ireland. 1986.
————. *Le chien du jardinier*. Dir. Roger Louret. France. 1984 and

---

3   We strongly encourage instructors and students to carefully consider this section on performance and to take full advantage of and experiment with the performance exercises that can be found at the end of this book.

1990.

————. *Liebe auf Spanisch oder Der Hund des Gartners.* Adap. Robert Gillner. Germany. 1997.

————. *El perro del hortelano.* Dir. Hervé Petit. France. 2002.

————. *The Dog in the Manger.* Dir. Laurence Boswell. England. 2004.

————. *El perro del hortelano.* Dir. Daniel Suárez Marzal. Argentina. 2006.

TABLE 2: Performances of *El perro del hortelano* in Spain

Lope de Vega. *El perro del hortelano.* Adap. Antonio and Manuel Machado. 1931.

————. *El perro del hortelano.* Dir. Manuel Canseco. 1979.

————. *El perro del hortelano.* Dir. José Luis Sáiz. 1989.

————. *El perro del hortelano.* Dir. Francisco Portes. 1992.

————. *El perro del hortelano.* Dir. María Ruiz. 1999 and 2003.

————. *El perro del hortelano.* Dir. Magüi Mira. 2003.

In the summer of 2004, Great Britain's Royal Shakespeare Company staged a highly successful Spanish Golden Age Season devoted exclusively to Spanish theater under the direction of Laurence Boswell. Translated into English blank verse by David Johnson, *The Dog in the Manger* was extraordinarily faithful to the original and a high point of the season.

In contrast to Johnson's English version, in 2003 the Spanish cult director and actress Magüi Mira created a daring and irreverent modernization of Lope's play by emphasizing its humor and modernity. Emilio Hernández's script peppered Lope's text with explicit erotic language and the production utilized only one stage prop: a large remote-controlled bed that symbolized Diana's sexual desires. Mira's eroticized version speaks directly to contemporary audiences' sensibilities, but in so doing loses the subtle linguistic nuances of the original text. María Ruiz's 1999 production by the Teatro del Olivar sets the play in an undefined but contemporary period, and her Countess

Diana is reminiscent of the 1950's Marilyn Monroe from *Gentlemen Prefer Blondes*. In her elegantly sensual version, Ruiz modernizes costumes, props and situations: Teodoro's *bufete* is a blue folder and Tristán's tavern is a club with techno music and go-go dancers. However, she retains original language in an innovative combination of old and new.

José Luis Sáiz adapted and directed *El perro del hortelano* for the Compañía Nacional de Teatro Clásico in 1989 based on a comic version written by Antonio and Manuel Machado. Like Mira and Ruiz, Sáiz played with the time period, setting his version in a Neapolitan villa in the 1920's and proving, once again, that Golden Age *comedias* can be staged in any historical period, as long as the changes made are justified. As Sáiz has affirmed, their universality allows them to speak not only about their own time, but also about the sentiments that audiences experience today (64).

6. EDITIONS USED AND SOURCES CONSULTED

This edition is based on the electronic text prepared in 1995 by Vern G. Williamsen and made available to the public on the AHCT (Association of Hispanic Classical Theater) website: http://www.comedias. org/. We have made corrections and revisions to punctuation where needed, based on consultation of other editions by Victor Dixon (London: Grant & Cutler, 1981), Mauro Armiño (Madrid: Cátedra, 1996) and A. David Kossoff (Madrid: Castalia, 1987). Victor Dixon's translation (*The Dog in the Manger*. Ottawa: Dovehouse Editions, 1990) as well as the critical notes in his 1981 Spanish edition have been extremely helpful in rendering difficult expressions and passages into English; they are quoted often in our notes. David Johnston's translation (*The Dog in the Manger*. Bath: Absolute Classics, 2004) was also consulted on occasion.

Works Cited

Huerta Calvo, Javier. "La vuelta al mundo de nuestros clásicos." *Clásicos sin fronteras. Cuadernos de Teatro Clásico I*. Ed. Javier Huerta Calvo. Madrid: Compañía Nacional de Teatro Clásico, 2008. 33-89.

McKendrick, Melveena. *Theatre in Spain 1490-1700*. Cambridge: Cambridge University Press, 1992.

Pedraza Jiménez, Felipe B. *Lope de Vega. Pasiones, obra y fortuna del "monstruo de naturaleza."* Madrid: EDAF, 2009.

Sáiz, Jose Luis. "*El perro del hortelano* de Lope de Vega (sobre la versión de Antonio y Manuel Machado)." *La Compañía Nacional de Teatro Clásico 1886-2002. Cuadernos de Teatro Clásico 16*. Madrid: Compañía Nacional de Teatro Clásico, 2002. 61-64.

Samson, Alexander and Jonathan Thacker. "Introduction: Lope's life and work." *A Companion to Lope de Vega*. Ed. Alexander Samson and Jonathan Thacker. Woodbridge, Suffolk, UK; Rochester, NY: Tamesis, 2008. 1-12.

Wheeler, Duncan. "A Modern Day Fénix: Lope de Vega's Cinematic Revivals." *A Companion to Lope de Vega*. Ed. Alexander Samson and Jonathan Thacker. Woodbridge, Suffolk, UK; Rochester, NY: Tamesis, 2008. 285-99.

7. SELECT BIBLIOGRAPHY

Spanish Editions of the Play

Vega y Carpio, Félix Lope de. *El perro del hortelano. El castigo sin venganza*. Ed. Victor Dixon. London: Grant & Cutler, 1981.

———. *El perro del hortelano. El castigo sin venganza*. Ed. A. David Kossoff. Madrid: Castalia, 1987.

———. *El perro del hortelano*. Ed. Antonio Carreño. Madrid: Espasa Calpe, 1992.

———. *El perro del hortelano*. Ed. Mauro Armiño. Madrid: Cátedra, 1996.

———. *La dama boba. El perro del hortelano*. Ed. Rosa Navarro Durán. Barcelona: Hermes, 2001.

English Translations of the Play

Vega y Carpio, Félix Lope de. *The Gardener's Dog. Four Plays*. Trans. John Garrett Underhill. Boston: Charles Scribner's Sons, 1936.

———. *The Dog in the Manger. Lope de Vega: Five Plays*. Trans. Jill Booty. New York: Hill & Wang, 1961.

———. *The Dog in the Manger*. Trans. Victor Dixon. Ottawa: Dovehouse Editions, 1990.

———. *The Dog in the Manger*. Trans. David Johnston. Bath: Absolute Classics, 2004.

Film Adaptation

El perro del hortelano. Dir. Pilar Miró. Creativos Asociados de Radio y Televisión. Cartel, 1996.

Scholarly Articles about the Play

Antonucci, Fausta. "*El perro del hortelano* y *La moza de cántaro*: Un caso de autoreescritura lopiana." *Criticón* 87-89 (2003): 45-57.

————. "Teodoro y César Borgia: Una clave para la interpretación de *El perro del hortelano.*" *Memoria de la palabra: Actas del VI Congreso de la Asociación Internacional del Siglo de Oro.* 2 vols. Ed. María Luisa Lobato and Francisco Domínguez Matito. Madrid: Iberoamericana/Vervuert, 2004. I: 263-73.

Baker, Susan C. and Judith A. Whitenack. "Desire and the Social Order in the 'Duchess' Plays of Lope and Webster." *Pacific Coast Philology* 27.1-2 (1992): 54-68.

Canavaggio, Jean. "*El perro del hortelano,* de refrán a enredo." *Un mundo abreviado: Aproximaciones al teatro áureo.* Madrid: Iberoamericana/Vervuert, 2000. 181-90.

Carreño, Antonio. "La semántica del engaño: *El perro del hortelano* de Lope de Vega." *Busquemos otros montes y otros ríos: Estudios de la literatura española del Siglo de Oro dedicados a Elias L. Rivers.* Ed. Brian Dutton and Victoriano Roncero López. Madrid: Castalia, 1992. 75-98.

————. "Lo que se calla Diana: *El perro del hortelano* de Lope de Vega." *El escritor y la escena.* Ed. Ysla Campbell. Juárez: Universidad Autónoma de Ciudad Juárez, 1992. 115-28.

Combet, Louis. "Le cas de Teodoro: Quelques aspects de la modernité du *Perro del hortelano.*" *Cahiers d'Études Romanes* 17 (1993): 45-73.

D'Antuono, Nancy L. "And the Story Goes 'Round and Round': The Genesis and Fortunes of *Il Can dell'Ortolano.*" *Italian Culture* 12 (1994): 107-23.

Del Río Parra, Elena. "La figura del secretario en la obra dramática de Lope de Vega." *Hispania* 85.2 (2002): 12-21.

Di Pastena, Enrico. "Identidad y alteridad social en los protagonistas de *El perro del hortelano.*" *Rivista di Filologia e Letterature Ispaniche* 6 (2003): 245-58.

Dixon, Victor. "*El vergonzoso en palacio* y *El perro del hortelano*: ¿Comedias gemelas?" *Tirso de Molina: del Siglo de Oro al siglo XX. Actas del Coloquio Internacional.* Ed. Carmen Pinillos, Ignacio Arellano, Blanca Oteiza and Miguel Zugasti. Pamplona: Universidad de Navarra, 1994. 73-86.

Duncan-Irvin, Hayden. "Three Faces of Diana, Two Facets of Honor: Myth and the Honor Code in Lope de Vega's *El perro del hortelano.*" *A Star-Crossed Golden Age: Myth and the Spanish Comedia.* Ed. Frederick A. De Armas. Lewisburg: Bucknell University Press 1998. 137-49.

Fernández, Jaime. "Honor y libertad: *El perro del hortelano* de Lope de Vega." *Bulletin of the Comediantes* 5.2 (1998): 307-16.

Fischer, Susan L. "'Some are born great...and some have greatness thrust upon them': Comic Resolution in *El perro del hortelano* and *Twelfth Night.*" *Hispania* 72.1 (1989): 78-86.

Friedman, Edward H. "Sign Language: The Semiotics of Love in Lope's *El perro del hortelano.*" *Hispanic Review* 68.1 (2000): 1-20.

González-Cruz, Luis F. "El soneto: Esencia temática de *El perro del hortelano,* de Lope de Vega." *Lope de Vega y los orígenes del teatro español. Actas del I Congreso Internacional sobre Lope de Vega.* Ed. Manuel Criado de Val. Madrid: EDI-6, 1981. 541-45.

Grossi, Gerardo. "A Napoli l'amore annulla l'orgoglio di casta: *El perro del hortelano* di Lope de Vega." *Orillas. Studi offerti a Giovanni Battista De Cesare.* Salerno: Paguro, 2001. 213-26.

Hall, H. Gaston. "Illusion et verité dans deux pièces de Lope de Vega: *La fiction vraie et Le chien du jardinier.*" *Vérité et illusion dans le théâtre au temps de la Renaissance.* Ed. Marie Thérèse Jones-Davies. Paris: J. Touzot Libraire, 1983. 41-54.

Hernández Valcárcel, Carmen. "El tema de la dama enamorada de su secretario en el teatro de Lope de Vega." *Estado actual de los estudios sobre el Siglo de Oro: Actas del II Congreso Internacional de Hispanistas del Siglo de Oro.* 2 vols. Ed. Manuel García Martí. Salamanca: Universidad de Salamanca, 1993. I: 481-94.

Jones, Roy O. "*El perro del hortelano* y la visión de Lope." *Lope de Vega: El teatro.* 2 vols. Ed. Antonio Sánchez Romeralo. Madrid: Taurus, 1989. I: 323-31.

Kossof, David A. "Fuentes de *El perro del hortelano* y una teoría de la España del Siglo de Oro." *Estudios sobre la literatura y arte dedicados al profesor Emilio Orozco Díaz.* 3 vols. Ed. Nicolás Marín, Antonio Gallego Morell and Andrés Soria Olmedo. Granada: Universidad de Granada, 1979. II: 209-14.

Ly, Nadine. "La diction de l'amour dans la 'Comedia' *El perro del hortelano* de Lope de Vega." *Bulletin Hispanique* 92.1 (1990): 493-547.

Maroto Camino, Mercedes. "Esta sangre quiero: Secrets and Discovery in Lope's *El perro del hortelano.*" *Hispanic Review* 71.1 (2003): 15-30.

McGrady, Donald. "Fuentes, fecha y sentido de *El perro del hortelano.*" *Anuario Lope de Vega* 5 (1999): 151-66.

Morros Mestres, Bienvenido. "Ovidio y la tradición médica en *El perro del hortelano.*" *Anuario Lope de Vega* 7 (2001): 41-66.

Pérez, Louis C. "La fábula de Ícaro y *El perro del hortelano.*" *Estudios literarios de hispanistas norteamericanos dedicados a Helmut Hatzfeld con motivo de su 80 aniversario.* Ed. Josep María Sola-Solé, Alessandro Crisfulli and Bruno Damiani. Barcelona: Hispam, 1975. 287-96.

Pring-Mill, Robert D.F, Roy O. Jones and Victor Dixon. "*El perro del hortelano*: burlas, veras y versos." *Historia y crítica de la literatura española. Siglo de Oro. Barroco.* Ed. Bruce W. Wardropper. Barcelona: Editorial Crítica, 1983. I: 373-80.

Roig, Marie Miranda. "Los nueve sonetos de *El perro del hortelano* de Lope de Vega." *El Siglo de Oro en escena: Homenaje a Marc Vitse.* Ed. Odette Gorsse and Frédéric Serralta. Toulouse: Presses Universitaires du Mirail, 2006. 893-906.

Rossetti, Guy. "*El perro del hortelano*: Love, Honor and the Burla." *Hispanic Journal* 1.1 (1979): 37-46.

Rothberg, Irving P. "The Nature of the Solution in *El perro del hortelano.*" *Bulletin of the Comediantes* 29.2 (1977): 86-96.

Rubio, Isaac. "Diez notas sobre *El perro del hortelano* de Lope de Vega." *Revista Canadiense de Estudios Hispánicos* 25.1 (2000): 95-106.

Sage, Jack W. "The Context of Comedy: Lope de Vega's *El perro del hortelano* and Related Plays." *Studies in Spanish Literature of the Golden Age Presented to Edward M. Wilson.* Ed. Roy O. Jones. London: Tamesis, 1973. 247-66.

Serralta, Frédéric. "Acción y psicología en la comedia (a propósito *de El perro del hortelano*)." *En torno al teatro del siglo de oro: Actas de las Jornadas VI-VIII Celebradas en Almería*. Ed. Agustín de la Granja, Heraclia Castellón Alcalá and Antonio Serrano Agulló. Almería: Instituto de Estudios Almerienses. 1992. 25-38.

Torres, Isabel. "'Pues no entiendo tus palabras,/y tus bofetones siento': Linguistic Subversion in Lope de Vega's *El perro del hortelano*." *Hispanic Research Journal* 5.3 (2004): 197-212.

Vitse, Marc. "Vergüenza y osadía en *El perro del hortelano*." *Historia y crítica de la literatura española. Siglo de Oro. Barroco: Primer suplemento*. Ed. Aurora Egido. Barcelona: Crítica, 1992. 204-9.

Wardropper, Bruce W. "La ilusión cómica: *El perro del hortelano* de Lope de Vega." *Lope de Vega: El teatro II*. Ed. Antonio Sánchez Romeralo. Madrid: Taurus, 1989. 333-45.

Weber de Kurlat, Frida. "*El perro del hortelano*, comedia palatina." *Nueva Revista de Filología Hispánica* 24 (1975): 339-63.

Wilson, Margaret. "Lope as Satirist: Two Themes in *El perro del hortelano*." *Hispanic Review* 40.3 (1972): 271-82.

Scholarly Articles on El perro del hortelano *in Performance*

Dixon, Victor. "Dos maneras de montar hoy *El perro del hortelano* de Lope de Vega." *Cuadernos de Teatro Clásico* 8 (1995): 121-40.

———. "Una actriz se prepara: una comedianta del Siglo de Oro ante un texto (*El perro del hortelano*)." *Damas en el tablado. XXXI Jornadas de Teatro Clásico*. Ed. Felipe B. Pedraza Jiménez, Rafael González Cañal and Almudena García González. Castilla-La Mancha: Universidad de Castilla-La Mancha, 2008. 17-34.

Fischer, Susan L. "Lope and the Politics of Truth: *The Dog in the Manger* (*El perro del hortelano*)." *Reading Performance: Spanish Golden-Age Theatre and Shakespeare on the Modern Stage*. Woodbridge, Suffolk, UK; Rochester, NY: Tamesis, 2009. 220-51.

Scholarly Articles about the Film Adaptation by Pilar Miró

Alcalá, Manuel. "*El perro del hortelano*." *Cine para leer*. Bilbao: Mensajero, 1997. 504-6.

Alonso Veloso, María José. "*El perro del hortelano*, de Pilar Miró: Una adaptación no tan fiel de la comedia de Lope de Vega." *Signa* 10 (2001): 375-93.

Barros R. Sandro. "La mujer en sus espacios: Lope de Vega, Pilar Miró y la reconfiguración cinematográfica de la entidad femenina en *El perro del hortelano*." *Espéculo: Revista de Estudio Literarios* 38 (2008): <http://www.ucm.es/info/especulo/numero38/lopegen. html>

Canning, Elaine. "'Not I, my shadow': Pilar Miró's Adaptation of Lope de Vega's *The Dog in the Manger* (1996)." *Studies in European Cinema* 22. 2 (2005): 81-92.

Cortés Ibáñez, Emilia. "Un clásico en el cine: *El perro del hortelano*." *Actas del XIII*

Congreso de la Asociación Internacional de Hispanistas, Madrid, 6-11 de julio de 1998. 4 vols. Ed. Florencio Sevilla and Carlos Alvar. Madrid: Castalia, 2000. 4: 303-8.

Díez Ménguez, Isabel Cristina. "Adaptación cinematográfica de *El perro del hortelano*, por Pilar Miró." *Del teatro al cine y la televisión en la segunda mitad del siglo XX*. Ed. José Romera Castillo. Madrid: Visor, 2002. 301-8.

Escalonilla López, Rosa Ana. "La vigencia dramática de la comedia nueva en la película *El perro del hortelano*, de Pilar Miró." *Del teatro al cine y la televisión en la segunda mitad del siglo XX*. Ed. José Romera Castillo. Madrid: Visor, 2002. 309-20.

Fernández, Esther and Cristina Martínez-Carazo. "Mirar y desear: la construcción del personaje femenino en *El perro del hortelano* de Lope de Vega y de Pilar Miró." *Bulletin of Spanish Studies* 83.3 (2006): 315-28.

Fernández, Esther. "El coto erótico de Diana: *El perro del hortelano*, de un texto sexual a un sexo visual." *Gestos* 42 (2006): 57-80.

Nieva de la Paz, Pilar. "Pilar Miró ante el teatro clásico." *Anales de la Literatura Española Contemporánea* 89.1 (2001): 255-76.

Mañas Martínez, María del Mar. "Reflexiones sobre *El perro del hortelano* de Pilar Miró." *Cuadernos de Filología Hispánica* 21 (2003): 139-56.

Monterde, José Enrique. "*El perro del hortelano*. Una adaptación inadecuada." *Actas del XIII Congreso de la Asociación Internacional de Hispanistas*. Ed. Florencio Sevilla and Carlos Alvar. Madrid: Castalia, 1998. 9.

Pérez Sierra, Rafael. "Historia de una experiencia: *El perro del hortelano*." *En torno al teatro del Siglo de Oro: Actas de las Jornadas XIV celebradas en Almería, Marzo 1997*. Ed. Agustín de la Granja, Heraclia Castellón Alcalá and Antonio Serrano Agulló. Almería: Instituto de Estudios Almerienses, 1999. 93-102.

———. "Versión cinematográfica de *El perro del hortelano*." *Lope de Vega: Comedia urbana y comedia palatina. Actas de las XVIII Jornadas de Teatro Clásico, Almagro, 11-13 de julio de 1995*. Ed. Felipe B. Pedraza Jiménez and Rafael González Cañal. Almagro: Universidad de Castilla-La Mancha, 1996. 107-14.

Pujals, Gemma and Celia Romea. "Una película, una lectura de texto. Análisis de la recepción de *El perro del hortelano*." *Cine y literatura: Relación y posibilidades didácticas*. Ed. Gemma Pujals and Celia Romea. Barcelona: Universidad de Barcelona, 2001. 115-32.

Santo-Tomás, Enrique García. "Diana, Lope, Pilar Miró: Horizontes y resistencias de clausura en *El perro del hortelano*." *Otro Lope no ha de haber*. Ed. Maria Grazia Profeti. Florencia: Alinea, 2000. 48-61.

Wheeler, Duncan. "'We are Living in a Material World and I Am a Material Girl': Diana, Countess of Belflor Materialized on the Page, Stage, Screen." *Bulletin of Hispanic Studies* 84.3 (2007): 267-86.

Comedia *Resources*

Allen, John J. *The Reconstruction of a Spanish Golden Age Playhouse. El Corral del*

Príncipe: 1583-1744. Gainesville, FL: UP of Florida, 1983.

Blue, William R. *Spanish Comedies and Historical Contexts in the 1620s*. University Park, PA: The Pennsylvania State UP, 1996.

Gerstinger, Heinz. *Lope de Vega and Spanish Drama*. Tran. Samuel R. Rosenbaum. New York: Frederick Ungar Publishing, 1974.

Jones, Harold G. and Vern G. Williamsen. "Spanish Prosody." Association for Hispanic Classical Theater. 12 Apr. 2010. <http://www.comedias.org/resources/poetic.html>.

McKendrick, Melveena. *Theatre in Spain: 1490-1700*. Cambridge, UK: Cambridge UP, 1989.

Parker, Alexander A. *The Approach to the Spanish Drama of the Golden Age*. London: The Hispanic and Luso-Brazilian Councils, 1957.

Shergold, Norman D. *A History of the Spanish Stage: From Medieval Times Until the End of the Seventeenth Century*. Oxford: Oxford UP, 1967.

Thacker, Jonathan. *A Companion to Golden Age Theatre*. Woodbridge, UK: Tamesis, 2007.

Vega, Lope de. *El arte nuevo de hacer comedias en este tiempo*. Ed. Vern Williamsen. 1995. Association for Hispanic Classical Theater. 12 Apr. 2010. <http://www.comedias.org/resources/artnue.html>.

El perro del hortelano

de LOPE DE VEGA

Hablan en ella las personas siguientes.

DIANA, condesa° de Belflor	countess
LEONIDO, criado°	servant
EL CONDE FEDERICO	
ANTONELO, lacayo°	lackey
TEODORO, su secretario	
MARCELA, de su cámara°	lady-in-waiting
DOROTEA, de su cámara	
ANARDA, de su cámara	
OTAVIO, su mayordomo°	majordomo
FABIO, su gentilhombre°	manservant
EL CONDE LUDOVICO	
FURIO	
LIRANO	
TRISTÁN, lacayo	
RICARDO, marqués°	marquis
CELIO, criado	
CAMILO	

Acto I

Salen TEODORO, *con una capa guarnecida de noche,*
y TRISTÁN, *criado. Vienen huyendo.*[1]

TEODORO	Huye, Tristán, por aquí.
TRISTÁN	Notable desdicha ha sido.
TEODORO	¿Si nos habrá conocido?[2]
TRISTÁN	No sé; presumo que sí.

Váyanse y entre tras ellos DIANA, *condesa de Belflor.*

<table>
<tr><td>5</td><td>DIANA</td><td>¡Ah, gentilhombre! ¡Esperad!</td><td></td></tr>
<tr><td></td><td></td><td>¡Teneos!° ¡Oíd!° ¿Qué digo?</td><td>wait!, listen!</td></tr>
<tr><td></td><td></td><td>¿Esto se ha de usar conmigo?</td><td></td></tr>
<tr><td></td><td></td><td>Volved, mirad, escuchad.</td><td></td></tr>
<tr><td></td><td></td><td>¡Hola! ¿No hay aquí un criado?</td><td></td></tr>
<tr><td>10</td><td></td><td>¡Hola! ¿No hay un hombre aquí?</td><td></td></tr>
<tr><td></td><td></td><td>Pues no es sombra° lo que vi,</td><td>shadow</td></tr>
<tr><td></td><td></td><td>ni sueño° que me ha burlado.°</td><td>dream, tricked</td></tr>
<tr><td></td><td></td><td>¡Hola! ¿Todos duermen ya?</td><td></td></tr>
</table>

Sale FABIO, *criado.*

<table>
<tr><td>FABIO</td><td>¿Llama 'vuestra señoría?°</td><td>your ladyship</td></tr>
<tr><td>DIANA</td><td>Para la cólera mía</td><td></td></tr>
</table>

---

1   The play begins dynamically and enigmatically *in medias res*
with two men fleeing inside the Countess of Belflor's palace in Naples.
Since plays were performed during daylight hours, Teodoro's embel-
lished cloak indicates that the action occurs at night. *Salir* is used to
indicate an entrance onto the stage; *entrar* is for exits.

2   **¿Si nos...** *Do you think she recognized us?*

	gusto° esa flema° me da.	pleasure, sluggish-
	Corred, necio, enhoramala,°	ness; damn it
	pues merecéis este nombre,	
	y mirad quién es un hombre	
20	que salió de aquesta° sala.	= esta
FABIO	¿Desta sala?	
DIANA	Caminad,	
	y responded con los pies.	
FABIO	Voy tras él.	
DIANA	Sabed quién es.[3]	
	¿Hay tal traición, tal maldad?	

Sale OTAVIO.

25 OTAVIO	Aunque su voz escuchaba,	
	a tal hora no creía	
	que era vuestra señoría	
	quien tan aprisa° llamaba.	quickly
DIANA	¡Muy lindo santelmo[4] hacéis!	
30	¡Bien temprano os acostáis!	
	¡Con la flema que llegáis!	
	¡Qué despacio que os movéis!	
	Andan hombres en mi casa	
	a tal hora, y aun los siento	
35	casi en mi propio aposento°	chamber
	(que no sé yo dónde pasa	
	tan grande insolencia, Otavio),	
	y vos, muy a lo escudero,	
	cuando yo me desespero,	
40	¿ansí° remediáis mi agravio?°	= así, offense
OTAVIO	Aunque su voz escuchaba	
	a tal hora, no creía	
	que era vuestra señoría	
	quien tan aprisa llamaba.	

---

3   **Sabed quién...** *find out who he is*
4   St. Elmo's fire dances around the mast of a ship after a storm.
Diana mocks Otavio for arriving after all danger is past.

45	DIANA	Volveos, que no soy yo;[5] acostaos, que os hará mal.

Sale FABIO.

	OTAVIO	Señora...
	FABIO	No he visto tal; como un gavilán° partió.

thief

	DIANA	¿Viste las señas?
	FABIO	¿Qué señas?
50	DIANA	¿Una capa no llevaba con oro?
	FABIO	Cuando bajaba la escalera...
	DIANA	¡Hermosas dueñas[6] sois los hombres de mi casa!
	FABIO	... a la lámpara tiró
55		el sombrero y la mató;[7] con esto, los patios pasa, y en lo escuro del portal saca la espada y camina.
	DIANA	Vos sois muy lindo gallina.°

coward

	FABIO	¿Qué querías?
60	DIANA	¡Pesia tal!°
		'Cerrar con° él y matalle.
	OTAVIO	Si era 'hombre de valor,°

damn it
attack
gentleman

		¿fuera bien echar tu honor desde el portal a la calle?[8]
65	DIANA	¿De valor, aquí? ¿por qué?
	OTAVIO	¿Nadie en Nápoles te quiere que, mientras casarse espere,

---

5   **Volveos, que...** *you're right, it isn't me* (scornfully).

6   Diana insults her male servants by calling them *dueñas*, older women who acted as chaperones for young girls and were often satirized as go-betweens.

7   **a la...** *he threw his hat against the lamp and put it out*

8   **¿fuera bien...** *would it be a good idea to compromise your honor?* Otavio reminds Diana that to attack and kill a gentleman caught fleeing from her residence would result in her public dishonor.

	por donde puede te ve?[9]
	¿No hay mil señores que están,
70	para casarse contigo,
	ciegos de amor? Pues bien digo
	si tú le viste galán
	y Fabio tirar, bajando,
	a la lámpara el sombrero.
75 DIANA	Sin duda fue caballero
	que, amando y solicitando,
	vencerá con interés
	mis criados.[10] ¡Qué criados
	tengo, Otavio, tan honrados!
80	Pero yo sabré quién es:
	Plumas° llevaba el sombrero feathers
	y en la escalera ha de estar.
	Ve por él.
FABIO	¿Si le he de hallar?
DIANA	¡Pues claro está, majadero!° fool
85	Que no había de bajarse
	por él cuando huyendo fue.
FABIO	Luz, señora, llevaré.
DIANA	Si ello viene a averiguarse,
	no me ha de quedar culpado
	en casa.[11]
90 OTAVIO	Muy bien harás,
	pues, cuando segura° estás, off-guard
	te han puesto en este cuidado,° concern
	pero aunque es bachillería,° foolishness
	y más estando enojada,
95	hablarte en lo que te enfada,
	esta tu injusta porfía
	de no te querer casar
	causa tantos desatinos,° follies

---

9   Otavio suggests that the intruder could be one of Diana's numerous Neapolitan suitors.

10   Diana assumes that the intruder is a nobleman who bribed her servants to gain access to the palace.

11   **Si ello...** *If the servants are to blame I will dismiss them all*

	solicitando caminos
100	que te obligasen a amar.¹²
DIANA	¿Sabéis vos alguna cosa?
OTAVIO	Yo, señora, no sé más
	de que en opinión estás
	de incasable, cuanto hermosa.
105	El condado de Belflor
	pone a muchos en cuidado.¹³

Sale FABIO.

FABIO	Con el sombrero he topado,¹⁴
	mas no puede ser peor.
DIANA	Muestra. ¿Qué es esto?
FABIO	No sé.
110	Éste aquel galán tiró.
DIANA	¿Éste?
OTAVIO	No le he visto yo
	más sucio.
FABIO	Pues éste fue.
DIANA	¿Éste hallaste?
FABIO	¿Pues yo había
	de engañarte?
OTAVIO	Buenas son
	las plumas.
115	FABIO	Él es ladrón.
OTAVIO	Sin duda a robar venía.
DIANA	Haréisme perder el seso.¹⁵
FABIO	Este sombrero tiró.
DIANA	Pues las plumas que vi yo,
120	y tantas que aun era exceso,

---

12   Otavio suggests that Diana is to blame for the situation in the palace for refusing to marry.

13   Otavio reveals the basic plot situation: the young and beautiful countess is the target of several suitors who aspire to marry her and thus attain the countship of Belflor in Naples (Spanish territory at the time). So far, Diana has spurned them all.

14   **Con el...** *I found the hat*

15   **Haréisme perder...** *you will drive me mad*

                      ¿en esto se resolvieron?[16]

FABIO   Como en la lámpara dio,

                      sin duda se las quemó

                      y como estopas° ardieron.   tow (a fiber)

125   ¿Ícaro al sol no subía

                      que, abrasándose las plumas,

                      cayó en las blancas espumas

                      del mar?[17] Pues esto sería.

                      El sol la lámpara fue,

130   Ícaro el sombrero, y luego

                      las plumas deshizo el fuego

                      y en la escalera le hallé.

DIANA   No estoy para burlas, Fabio;

                      hay aquí mucho que hacer.

135 OTAVIO   Tiempo habrá para saber

                      la verdad.

DIANA   ¿Qué tiempo, Otavio?

OTAVIO   Duerme agora, que mañana

                      lo puedes averiguar.

DIANA   No me tengo de acostar,

140   no, ¡por vida de Diana!,

                      hasta saber lo que ha sido.

                      Llama esas mujeres todas.

OTAVIO   Muy bien la noche acomodas.°   prepare

DIANA   Del sueño, Otavio, me olvido

145   con el cuidado de ver

                      un hombre dentro en mi casa.

OTAVIO   Saber después lo que pasa

                      fuera discreción, y hacer

                      secreta averiguación.[18]

---

16   **¿En esto...** *this is how they ended up?*

17   Icarus attempted to escape from Crete using wings of feathers and wax. He flew too high, the sun melted the wax, and he fell to his death. He symbolizes imprudent presumption. This classical myth foreshadows the relationship between Diana (the sun) and Teodoro (Icarus).

18   Otavio suggests that Diana make discreet inquiries to find out what is happening. By keeping the situation secret she avoids public dishonor.

150	DIANA	Sois, Otavio, muy discreto,° prudent

DIANA   Sois, Otavio, muy discreto,°   prudent
que dormir sobre un secreto
es notable discreción.

Salen FABIO, DOROTEA, MARCELA ANARDA.

FABIO   Las que importan he traído,
que las demás no sabrán
lo que deseas, y están
'rindiendo al sueño el sentido.°   sleeping
Las de tu cámara solas
estaban por acostar.

ANARDA   De noche se altera el mar
y se enfurecen las olas.[19]

FABIO   ¿Quieres quedar sola?

DIANA   Sí,
salíos los dos allá.[20]

FABIO   ¡Bravo examen!

OTAVIO   Loca está.

FABIO   Y sospechosa de mí.

Vanse.

DIANA   Llégate aquí, Dorotea.

DOROTEA   ¿Qué manda vuseñoría?°   = **vuestra señoría**

DIANA   Que me dijeses querría
quién esta calle pasea.

DOROTEA   Señora, el marqués Ricardo,
y algunas veces el conde
París.

DIANA   La verdad responde
de lo que decirte aguardo
si quieres tener remedio.[21]

---

19   **De noche...** *at night the seas are stormy and the waves are rough.* Anarda refers metaphorically to Diana's fury.

20   **salíos los...** *both of you leave*

21   **La verdad...** *answer truthfully to what I'm going to ask if you wish to receive my favor*

DOROTEA	¿Qué te puedo yo negar?	
175 DIANA	¿Con quién los has visto hablar?	
DOROTEA	Si me pusieses en medio	
	de mil llamas,²² no podré	
	decir que, fuera de ti,	
	hablar con nadie los vi	
180	que en aquesta casa esté.	
DIANA	¿No te han dado algún papel?°	note
	¿Ningún paje° ha entrado aquí?	page
DOROTEA	Jamás.	
DIANA	'Apártate allí.°	stand over there
MARCELA	¡Brava inquisición!	
ANARDA	Cruel.	
DIANA	Oye, Anarda.	
185 ANARDA	¿Qué me mandas?	
DIANA	¿Qué hombre es este que salió?	
ANARDA	¿Hombre?	
DIANA	Desta sala, y yo	
	sé los pasos en que andas.	
	¿Quién le trajo a que me viese?	
190	¿Con quién habla de vosotras?²³	
ANARDA	No creas tú que en nosotras	
	tal atrevimiento hubiese.	
	¿Hombre, para verte a ti,	
	había de osar° traer	dare
195	criada tuya, ni hacer	
	esa traición contra ti?	
	No, señora, no lo entiendes.	
DIANA	Espera, apártate° más,	stand aside
	porque a sospechar me das,	
200	si engañarme no pretendes,	
	que por alguna criada	
	este hombre ha entrado aquí.²⁴	

---

22   **Si me...** *even if you made me walk through fire*

23   Diana accuses her ladies-in-waiting of admitting the intruder to see her.

24   Diana suspects that the man has entered to see one of her servants.

ANARDA	El verte, señora, ansí,	
	y justamente enojada,	
205	'dejada toda cautela°	in all honesty
	me obliga a decir verdad,	
	aunque contra el amistad	
	que profeso con Marcela.	
	Ella tiene a un hombre amor	
210	y él se le tiene también,	
	mas nunca he sabido quién.	
DIANA	Negarlo, Anarda, es error.	
	Ya que confiesas lo más,	
	¿para qué niegas lo menos?	
215	ANARDA Para secretos ajenos°	others'
	mucho tormento me das	
	sabiendo que soy mujer,	
	mas basta que hayas sabido	
	que por Marcela ha venido.	
220	Bien te puedes recoger,°	go to bed
	que es solo conversación	
	y ha poco que se comienza.	
DIANA	¿Hay tan cruel desvergüenza?°	shamelessness
	¡Buena andará la opinión	
225	de una mujer por casar!²⁵	
	¡Por el siglo, infame gente,	
	del Conde mi señor...!²⁶	
ANARDA	Tente,	
	y déjame disculpar,	
	que no es de fuera de casa	
230	el hombre que habla con ella,	
	ni para venir a vella	
	por esos peligros pasa.	
DIANA	En efeto ¿es mi criado?	
ANARDA	Sí, señora.	
DIANA	¿Quién?	

---

25   Courting in the palace is an offense and puts at risk Diana's reputation as an unmarried woman.

26   **¡Por el...** *by the life of my lord the Count*. Diana probably refers to her father since there is no indication in the text that she is a widow.

ANARDA	Teodoro.
DIANA	¿El secretario?²⁷
ANARDA	Yo ignoro
	lo demás; sé que han hablado.
DIANA	Retírate, Anarda, allí.
ANARDA	Muestra aquí tu entendimiento.
DIANA	Con más templanza me siento²⁸
	sabiendo que no es por mí.
	¿Marcela?
MARCELA	¿Señora?
DIANA	Escucha.
MARCELA	¿Qué mandas?
	[*Aparte*] (Temblando llego.)
DIANA	¿Eres tú de quién fiaba°
	mi honor y mis pensamientos?
MARCELA	Pues ¿qué te han dicho de mí,
	sabiendo tú que profeso
	la lealtad que tú mereces?
DIANA	¿Tú lealtad?
MARCELA	¿En qué te ofendo?
DIANA	¿No es ofensa que en mi casa
	y dentro de mi aposento
	entre un hombre a hablar contigo?
MARCELA	Está Teodoro tan necio
	que dondequiera me dice
	dos docenas de requiebros.°
DIANA	¿Dos docenas? ¡Bueno, a fe!
	Bendiga el buen año el cielo,
	pues se venden por docenas.
MARCELA	Quiero decir que, en saliendo
	o entrando, luego a la boca
	traslada sus pensamientos.²⁹
DIANA	¿Traslada? ¡Término estraño!

Marginal glosses: *entrusted* (245); *compliments* (1108)

235, 240, 245, 250, 255, 260 (line numbers)

---

27   The prestigious position of secretary was held by cultured persons who handled the official and personal correspondence of members of the aristocracy. Lope de Vega was the Duke of Sessa's secretary for many years, writing his correspondence and love letters.

28   **Con más...** *I feel calmer*

29   **luego a...** *he transcribes his ideas into words*

¿Y qué te dice?

MARCELA   No creo
que se me acuerde.

DIANA   Sí hará.

MARCELA   Una vez dice: «Yo pierdo
265   el alma por esos ojos»;
otra: «Yo vivo por ellos;
esta noche no he dormido
desvelando mis deseos
en tu hermosura»; otra vez
270   me pide solo un cabello
para atarlos, porque estén
en su pensamiento quedos,[30]
mas ¿para qué me preguntas
niñerías?

DIANA   Tú, a lo menos,
bien te huelgas.[31]

275   MARCELA   No me pesa,
porque de Teodoro entiendo
que estos amores dirige
a fin tan justo y honesto
como el casarse conmigo.

280   DIANA   Es el fin del casamiento
honesto blanco de amor.
¿Quieres que yo trate desto?[32]

MARCELA   ¡Qué mayor bien para mí!
Pues ya, señora, que veo
285   tanta blandura° en tu enojo   softness
y tal nobleza en tu pecho,
te aseguro que le adoro,
porque es el mozo más cuerdo,°   sensible
más prudente y entendido,°   wise

---

30   **me pide...** Teodoro asks for a strand of Marcela's hair with
which to bind his desires for her in his thoughts, a conventional baroque
conceit in poetry and drama. The antecedent of **los** is **deseos.**

31   **Tú, a...** *and this pleases you no end*

32   **¿Quieres que...** *do you want me to arrange this (marriage)?*
As lady of the house, it is Diana's responsibility to arrange her servants'
marriages and dowries.

290		más amoroso y discreto,	
		que tiene aquesta ciudad.	
	DIANA	Ya sé yo su entendimiento	
		del oficio en que me sirve.	
	MARCELA	Es diferente el sujeto°	topic
295		de una carta, en que le pruebas	
		a dos títulos° tus deudos,°	noblemen, relatives
		o el verle hablar más de cerca,	
		en estilo dulce y tierno,	
		razones enamoradas.	
300	DIANA	Marcela, aunque 'me resuelvo°	I am resolved
		a que os caséis cuando sea	
		para ejecutarlo tiempo,	
		no puedo dejar de ser	
		quien soy, como ves que debo	
305		a mi generoso nombre,³³	
		porque no fuera bien hecho	
		daros lugar en mi casa.	
		Sustentar mi enojo quiero;	
		pues que ya todos le° saben,	lo = *el enojo*
310		tú podrás con más secreto	
		proseguir ese tu amor,	
		que en la ocasión yo me ofrezco	
		a ayudaros a los dos,	
		que Teodoro es hombre cuerdo	
315		y se ha criado en mi casa	
		y a ti, Marcela, te tengo	
		la obligación que tú sabes,	
		y no poco parentesco.°	kinship
	MARCELA	A tus pies tienes tu hechura.³⁴	
	DIANA	Vete.	
320	MARCELA	Mil veces los beso.	
	DIANA	Dejadme sola.	
	ANARDA	¿Qué ha sido?	
	MARCELA	Enojos en mi provecho.	

---

33   **no puedo…** *I must act as befits my noble station and good name*
34   **A tus…** *I kiss your feet*

| DOROTEA | ¿Sabe tus secretos ya? |
| MARCELA | Sí sabe, y que son honestos. |

Háganle tres reverencias° y váyanse.   curtsies

325 DIANA [*Sola.*] Mil veces he advertido en la belleza,
gracia y entendimiento de Teodoro,
que, a no ser desigual a mi decoro,
estimara su ingenio y gentileza.³⁵
Es el amor común naturaleza,
330 mas yo tengo mi honor por más tesoro,
que los respetos de quien soy adoro
y aun el pensarlo tengo por bajeza.°   baseness
La envidia bien sé yo que ha de quedarme,
que, si la suelen dar bienes ajenos,
335 bien tengo de qué pueda lamentarme,
porque quisiera yo que, por lo menos,
Teodoro fuera más para igualarme
o yo, para igualarle, fuera menos.³⁶

Salen TEODORO *y* TRISTÁN.

TEODORO No he podido sosegar.°   calm down
340 TRISTÁN Y aun es con mucha razón,
que ha de ser tu perdición
si lo llega a averiguar.
Díjete que la dejaras
acostar, y no quisiste.

---

35   **a no…** *I would hold his wit and courtesy in high esteem if it were not inconsistent with decorum*

36   **La envidia…** *Envy, I know that you will plague me, because I long for the belongings of others while my own rank is cause for regret; and I wish that Teodoro were more, to be my equal, or that I were less, to be his.* In this sonnet soliloquy Diana reveals her intimate thoughts and feelings for the first time. The conflict between love and social rank forms the crux of the play as the disparity between their social positions prevents Diana from pursuing the attraction she feels for her secretary. At this point we see the awakening of an imprudent passion in the countess.

345	Teodoro	Nunca el amor se resiste.
	Tristán	Tiras, pero no reparas.[37]
	Teodoro	Los diestros° lo hacen ansí.
	Tristán	Bien sé yo que, si lo fueras,
		el peligro conocieras.
	Teodoro	¿Si me conoció?[38]
350	Tristán	No y sí,
		que no conoció quién eras
		y sospecha le quedó.
	Teodoro	Cuando Fabio me siguió
		bajando las escaleras,
355		fue milagro no matalle.
	Tristán	¡Qué lindamente tiré
		mi sombrero a la luz!
	Teodoro	Fue
		detenelle y deslumbralle,°
		porque si adelante pasa,
360		no le dejara pasar.
	Tristán	Dije a la luz al bajar:
		«Di que no somos de casa»,
		y respondiome: «Mentís»[39];
		alzo, y tirele el sombrero.
		¿Quedé agraviado?
365	Teodoro	Hoy espero
		mi muerte.
	Tristán	Siempre decís
		esas cosas los amantes
		cuando menos pena° os dan.
	Teodoro	Pues ¿qué puedo hacer, Tristán,
370		en peligros semejantes?
	Tristán	Dejar de amar a Marcela,
		pues la Condesa es mujer
		que, si lo llega a saber,

swordsmen

overwhelm him

sorrow

---

37   Tristán and Teodoro use the language of fencing: **tirar** means to thrust, and **reparar** means to parry and here, to consider.

38   **¿Si me...** *do you think she recognized me?*

39   **«Mentís»** *You lie.* The **mentís** was an insult that the code of masculine honor required be defended by the sword, thus Tristán asks if he has been affronted.

		no te ha de valer cautela	
375		para no perder su casa.	
	TEODORO	¿Y no hay más, sino olvidar?	
	TRISTÁN	Liciones° te quiero dar	= lecciones
		de cómo el amor se pasa.	
	TEODORO	Ya comienzas desatinos.	
380	TRISTÁN	Con arte se vence todo;[40]	
		oye, por tu vida, el modo	
		por tan fáciles caminos.	
		Primeramente[41] has de hacer	
		resolución de olvidar,	
385		sin pensar que has de tornar	
		eternamente a querer[42];	
		que si te queda esperanza	
		de volver, no habrá remedio	
		de olvidar, que si está en medio	
390		la esperanza, no hay mudanza.[43]	
		¿Por qué piensas que no olvida	
		luego un hombre a una mujer?	
		Porque pensando volver	
		va entreteniendo° la vida.	makes bearable
395		Ha de haber resolución°	resolve
		dentro del entendimiento,°	understanding
		con que cesa el movimiento	
		de aquella imaginación.	
		¿No has visto faltar la cuerda	
400		de un reloj y estarse quedas,	
		sin movimiento, las ruedas?	
		Pues desa suerte se acuerda	
		el que tienen las potencias[44]	

---

40   **Con arte...** *art conquers all*

41   The source for Tristán's advice and strategies on how to fall out of love is Ovid's *Remedia amoris* (*The Cure for Love*).

42   **sin pensar...** *without thinking that you will ever love again*

43   **que si...** *if there is still hope, there can be no change*

44   **las potencias** are faculties. Tristán refers to the three faculties of the soul: understanding, memory and will. The image means that when there is no hope, the faculties of the soul cannot work in concert, like an unwound clock whose movement is stopped.

		cuando la esperanza falta.	
405	TEODORO	¿Y la memoria no salta	
		luego a hacer mil diligencias,°	efforts
		despertando el sentimiento	
		a que del bien no se prive?	
	TRISTÁN	Es enemigo que vive	
410		asido al entendimiento,	
		como dijo la canción	
		de aquel español poeta,	
		mas por eso es 'linda treta°	crafty trick
		vencer la imaginación.	
	TEODORO	¿Cómo?	
415	TRISTÁN	Pensando defetos	
		y no gracias;° que, olvidando,	charms
		defetos están pensando,	
		que no gracias, los discretos.°	prudent men
		No la imagines vestida	
420		con tan linda proporción	
		de cintura en el balcón	
		de unos chapines⁴⁵ subida;	
		toda es vana arquitectura,	
		porque dijo un sabio un día	
425		que a los sastres° se debía	dressmakers
		la mitad de la hermosura.	
		Como se ha de imaginar	
		una mujer semejante	
		es como un diciplinante⁴⁶	
430		que le llevan a curar;	
		esto sí, que no adornada	
		del costoso faldellín.°	petticoat
		Pensar defetos, en fin,	
		es medecina aprobada.	
435		Si de acordarte que vías°	= veías
		alguna vez una cosa	
		que te pareció asquerosa	

---

45   **chapines** are high, cork-soled clogs worn by women over their shoes to protect them from mud and to make the wearer appear taller.

46   **disciplinantes** flog themselves as a form of religious penance.

	no comes en treinta días,	
	acordándote, señor,	
440	de los defetos que tiene,	
	si a la memoria te viene,	
	se te quitará el amor.	
TEODORO	¡Qué grosero° cirujano!°	crude, quack
	¡Qué rústica curación!°	cure
445	Los remedios al fin son	
	como de tu tosca° mano.	coarse
	Médico impírico[47] eres;	
	no has estudiado, Tristán.	
	Yo no imagino que están	
450	desa suerte las mujeres,	
	sino todas cristalinas,	
	como un vidro° transparentes.	= vidrio
TRISTÁN	Vidro, sí, muy bien lo sientes,	
	si a verlas quebrar caminas.	
455	Mas si no piensas pensar	
	defetos, pensarte puedo,	
	porque ya he perdido el miedo	
	de que podrás olvidar.	
	¡Pardiez!° Yo quise una vez,	= por Dios
460	con esta cara que miras,	
	a una alforja de mentiras,	
	años, cinco veces diez,[48]	
	y entre otros dos mil defetos	
	cierta barriga° tenía	belly
465	que encerrar dentro podía,	
	sin otros mil parapetos,°	parapets
	cuantos 'legajos de pliegos°	sheaves of
	algún escritorio apoya,°	papers; holds
	pues como el caballo en Troya	
470	pudiera meter los griegos.[49]	
	¿No has oído que tenía	

---

47   a **médico empírico** is a practical doctor, as opposed to one who has studied medicine formally.

48   **alforja de...** *a knapsack of lies, that is, a fifty year old woman*

49   **el caballo...** *it could hold as many Greeks as the Trojan horse*

        cierto lugar un nogal°   *walnut tree*
        'que en el tronco° un oficial   *in whose trunk*
        con mujer y hijos cabía
475   y aún no era la casa escasa?°   *cramped*
        Pues desa misma manera
        en esta panza° cupiera   *belly*
        un tejedor° y su casa,   *weaver*
        y queriéndola olvidar,
480   que debió de convenirme,
        dio la memoria en decirme
        que pensase en blanco azar°   *orange blossom*
        en azucena° y jazmín,°   *lily, jasmine*
        en marfil,° en plata, en nieve   *ivory*
485   y en la cortina que debe
        de llamarse el faldellín,
        con que yo me deshacía.
        Mas tomé más cuerdo acuerdo
        y di en pensar como cuerdo
490   lo que más le parecía:
        'cestos de calabazones,°   *baskets of pumpkins*
        baúles° viejos, 'maletas   *trunks*
        de cartas para estafetas,°   *mailbags*
        almofrejes° y jergones,°   *camp beds, mat-*
495   con que se trocó en desdén°   *tresses; disdain*
        el amor y la esperanza
        y olvidé la dicha panza
        por siempre jamás amén,
        que era tal que en los dobleces,°   *folds*
500   y 'no es mucho encarecer,°   *without exaggerating*
        se pudieran esconder
        cuatro 'manos de almireces.°   *pestles for mortars*

TEODORO   En las gracias de Marcela
        no hay defetos que pensar.
505   Yo no la pienso olvidar.
TRISTÁN   Pues a tu desgracia apela
        y sigue tan loca empresa.
TEODORO   Todo es gracias,⁵⁰ ¿qué he de hacer?

---

50   **Todo es...** *she is all charm* (without defects)

TRISTÁN	Pensarlas hasta perder
510	la gracia° de la Condesa.

good graces

Sale la CONDESA.

DIANA	Teodoro.
TEODORO	La misma es.
DIANA	Escucha.
TEODORO	A tu hechura° manda.

servant

TRISTÁN	[*Aparte*] (Si en averiguarlo anda,
	de casa volamos tres.)
DIANA	Hame dicho cierta amiga[51]

515

que 'desconfía de sí°

doubts herself

que el papel que traigo aquí
le escriba. A hacerlo me obliga
la amistad, aunque yo ignoro,
520 Teodoro, cosas de amor,
y que le escribas, mejor,
vengo a decirte, Teodoro.[52]
Toma y lee.

TEODORO	Si aquí,

señora, has puesto la mano,
525 igualarle fuera en vano
y fuera soberbia° en mí.

arrogance

Sin verle pedirte quiero
que a esa señora le envíes.

DIANA	Léele.
TEODORO	Que desconfíes

530 me espanto. Aprender espero
estilo, que yo no sé,
que jamás traté de amor.

DIANA	¿Jamás, jamás?
TEODORO	Con temor

---

51   A typical comic recourse and love ploy in Golden Age drama
is the "friend" who masks the lady's own feelings. In this case Diana
asks Teodoro to comment on the poem she has supposedly written for a
friend, thus conserving her own honor.

52   The repetition of Teodoro's name and Diana's insistence that
he read her poem are strategies of seduction.

		de mis defetos no amé,	
535		que soy muy desconfiado.°	distrustful
	DIANA	Y se puede conocer	
		de que no te dejas ver,	
		pues que te vas rebozado.°	with your face
	TEODORO	¿Yo, señora? ¿Cuándo o cómo?	covered
540	DIANA	Dijéronme que salió	
		anoche acaso, y te vio	
		rebozado el mayordomo.	
	TEODORO	Andaríamos burlando	
		Fabio y yo, como solemos,	
545		que mil burlas nos hacemos.	
	DIANA	Lee, lee.	
	TEODORO	Estoy pensando	
		que tengo algún envidioso.°	envious person
	DIANA	Celoso podría ser.⁵³	
		Lee, lee.	
	TEODORO	Quiero ver	
550		ese 'ingenio milagroso.°	marvelous wit

[*Lea.*] «Amar por ver amar envidia ha sido,⁵⁴
y primero que amar estar celosa
es invención de amor maravillosa
y que por imposible se ha tenido.
De los celos mi amor ha procedido⁵⁵
por pesarme que, siendo más hermosa,
no fuese en ser amada tan dichosa
que hubiese lo que envidio merecido.⁵⁶
Estoy, sin ocasión, desconfiada,
celosa sin amor, aunque, sintiendo,
debo de amar, pues quiero ser amada.
Ni me dejo forzar, ni me defiendo;
darme quiero a entender sin decir nada:

---

53   **Celoso podría...** Diana alludes obliquely to herself since she is the one who is jealous.

54   «**Amar por...** *to love because we see another love is envy*

55   **De los...** *my love is born of jealousy*

56   Diana is envious because although she is more beautiful than Marcela, the latter is fortunate in that she is more loved.

entiéndame quien puede; yo me entiendo.» [57]
DIANA ¿Qué dices?
TEODORO Que si esto es
a propósito del dueño,
no he visto cosa mejor,
mas confieso que no entiendo
como puede ser que amor
venga a nacer de los celos,
pues que siempre fue su padre.[58]
DIANA Porque esta dama sospecho
que se agradaba de ver
este galán sin deseo
y, viéndole ya empleado
en otro amor, con los celos
vino a amar y a desear.
¿Puede ser?
TEODORO Yo lo concedo;[59]
mas ya esos celos, señora,
de algún principio nacieron,
y ese fue amor, que la causa
no nace de los efetos,
sino los efetos della.
DIANA No sé, Teodoro, esto siento
desta dama, pues me dijo
que nunca al tal caballero
tuvo más que inclinación
y, en viéndole amar, salieron
al camino de su honor
mil salteadores deseos[60]

---

57 The final two verses of the sonnet contain a clear message to Teodoro: Diana wants him to understand her feelings without her explicitly revealing them.

58 **no entiendo...** *I don't understand how jealousy could give birth to love since love was always father to jealousy.* The relationship between love and jealousy is a recurring theme in the works of Lope de Vega, for whom love without jealousy was impossible.

59 **Yo lo...** *I grant that*

60 Here Lope transforms the noun *salteador*, meaning a highwayman or robber, into an adjective to describe how the woman

que le han desnudado el alma
del honesto pensamiento
con que pensaba vivir.

TEODORO Muy lindo papel has hecho.
Yo no 'me atrevo° a igualarle. — dare

DIANA Entra y prueba.

TEODORO No me atrevo.

DIANA Haz esto, por vida mía.

TEODORO Vusiñoría con esto
quiere probar mi ignorancia.

DIANA Aquí aguardo;° vuelve luego. wait

TEODORO Yo voy.

Vase.

DIANA Escucha, Tristán.

TRISTÁN A ver lo que mandas vuelvo
con vergüenza destas calzas,° — breeches
que el secretario, mi dueño,
anda falido° estos días; — bankrupt
y hace mal un caballero,
sabiendo que su lacayo
le va sirviendo de espejo,[61]
de lucero° y de cortina,° — bright star, screen
en no traerle 'bien puesto.° — well-dressed
Escalera del señor,
si va a caballo, un discreto
nos llamó, pues a su cara
se sube por nuestros cuerpos.
No debe de poder más.

DIANA ¿Juega?° — does he gamble?

TRISTÁN '¡Pluguiera a los cielos!,° — I wish!
que a quien juega nunca faltan,
desto o de aquello, dineros.
Antiguamente los reyes

---

has been carried away by her uncontrollable desire.

61 Tristán apologizes for his shabby appearance in order to indirectly request money for his master, of whom Tristán is a reflection.

620   algún oficio aprendieron
      por, si en la guerra o la mar
      perdían su patria y reino,
      saber con qué sustentarse;
      dichosos los que pequeños
625   aprendieron a jugar,
      pues, 'en faltando,° es el juego   *when one is in need*
      un arte noble que gana,
      con poca pena, el sustento.°   *livelihood*
      Verás un grande pintor,
630   acrisolando el ingenio,[62]
      hacer una imagen viva
      y decir el otro, necio,
      que no vale diez escudos°   *ducats*
      y que el que juega, en diciendo
635   «paro»,[63] con salir la suerte,
      le sale a ciento por ciento.

DIANA   En fin ¿no juega?

TRISTÁN   Es cuitado.°   *cautious*

DIANA   A la cuenta, será cierto
      tener amores.[64]

TRISTÁN   ¿Amores?

640   ¡Oh, qué donaire!° ¡Es un hielo!   *joke*

DIANA   Pues un hombre de su talle,°   *appearance*
      galán, discreto y mancebo,°   *single*
      ¿no tiene algunos amores
      de honesto entretenimiento?

645 TRISTÁN   Yo trato en paja° y cebada,°   *straw, barley*
      no en papeles° y requiebros.   *love letters*
      De día te sirve aquí;
      que está ocupado sospecho.

DIANA   Pues ¿nunca sale de noche?

650 TRISTÁN   No le acompaño, que tengo
      una cadera quebrada.

DIANA   ¿De qué, Tristán?

---

62   **acrisolando el...** *straining to prove his talent*
63   **«paro»** *I bet.* **Parar** *was a popular card game.*
64   **A la...** *then he must be in love*

TRISTÁN	Bien te puedo
	responder lo que responden
	las malcasadas en viendo

655   cardenales en su cara

del mojicón de los celos:[65]

«Rodé por las escaleras.»[66]

DIANA   ¿Rodaste?

TRISTÁN   Por largo trecho

con las costillas conté

los pasos.°   steps

660   DIANA   Forzoso es eso

si a la lámpara, Tristán,

le tirabas el sombrero.

TRISTÁN   [*Aparte*] (¡Oste, puto![67] ¡Vive Dios

que se sabe todo el cuento!)

DIANA   ¿No respondes?

665   TRISTÁN   Por pensar

cuándo, pero ya me acuerdo:

anoche andaban en casa

unos murciélagos° negros;   bats

el sombrero los tiraba;[68]

670   fuese a la luz uno dellos

y acerté, por dar en él,

en la lámpara, y 'tan presto°   so quickly

por la escalera rodé,

que los dos pies se me fueron.

675   DIANA   Todo está muy bien pensado,

pero un libro de secretos

dice que es buena la sangre

para quitar el cabello,

desos murciégalos digo,[69]

680   y haré yo sacarla luego,

---

65   **cardenales en...** *bruises on the face from the blows of a jealous husband*

66   **Rodé por...** *I tumbled down the stairs*

67   Expression of alarm or shock.

68   **el sombrero...** *I was swatting them with my hat*

69   Bat blood was believed to be a depilatory. Diana is also playing with the figurative meaning of *murciélago* as a cat burglar.

		opportunity

si es cabello la ocasión,°   opportunity
para quitarla con ellos.

TRISTÁN   [*Aparte*] (¡Vive Dios que hay chamusquina,
y que por murciegalero
685   me pone en una galera!)[70]

DIANA   ¡Qué traigo de pensamientos![71]

Sale FABIO.

FABIO   Aquí está el marqués Ricardo.
DIANA   Poned esas sillas luego.

Salen RICARDO, *marqués, y* CELIO.

RICARDO   Con el cuidado que el amor, Diana,[72]
690   pone en un pecho que aquel fin desea,
que la mayor dificultad allana,°   overcomes
el mismo quiere que te adore y vea,
solicito mi causa, aunque por vana
esta ambición algún contrario crea
695   que, dando más lugar a su esperanza,
tendrá menos amor que confianza.
Está vusiñoría tan hermosa
que estar buena el mirarla me asegura,[73]
que en la mujer, y es bien pensada cosa,
700   la más cierta salud es la hermosura,
que en estando gallarda,° alegre, airosa,°   elegant, graceful
es necedad,° es inorancia pura,   foolishness
llegar a preguntarle si está buena,
que todo entendimiento la condena.[74]

---

70   **Vive Dios...** *Good God, I'm in for it now. I bet she'll send me to the galleys as a cat burglar*

71   **Qué traigo...** *how many thoughts I have*

72   The Marquis Ricardo's pompous tone and affected language reflect the rhetoric of courtly love and ridicule his character. Lope also mocks the *culterano* style made famous by Luis de Góngora in his long poems, the *Soledades* and the "Fábula de Polifemo y Galatea."

73   **estar buena...** *seeing you assures me of your good health*

74   **es necedad...** *to ask if you are well is foolishness that the*

705   Sabiendo que lo estáis, como lo dice
                 la hermosura, Diana, y la alegría,
                 de mí, si a la razón no contradice,
                 saber, señora, cómo estoy querría.[75]

DIANA   Que vuestra señoría solenice

710   lo que en Italia llaman gallardía°   elegance
                 por hermosura es digno pensamiento
                 de su buen gusto° y claro entendimiento;   taste
                 que me pregunte cómo está, no creo
                 que soy tan dueño suyo que lo diga.[76]

715 RICARDO   Quien sabe de mi amor y mi deseo
                 'el fin honesto,° a este favor se obliga   marriage
                 A vuestros deudos inclinados veo
                 para que en lo tratado se prosiga;
                 solo falta, señora, vuestro acuerdo,°   consent

720   porque sin él las esperanzas pierdo.
                 Si como soy señor de aquel estado,
                 que con igual nobleza heredé agora,
                 lo fuera desde el Sur más abrasado
                 a los primeros paños del Aurora,

725   si el oro de los hombres adorado,
                 las congeladas lágrimas que llora
                 el cielo o los diamantes orientales
                 que abrieron por el mar caminos tales
                 tuviera yo, lo mismo os ofreciera;

730   y no dudéis, señora, que pasara
                 a donde el sol apenas luz me diera,
                 como a solo serviros importara;
                 en campañas de sal pies de madera
                 por las remotas aguas estampara

735   hasta llegar a las australes playas,
                 del humano poder últimas rayas.[77]

---

intelligent must condemn
     75   **saber, señora...** *I would like to know how I fare*
     76   **no creo...** *I do not believe that I am so beloved by you to tell*
     77   **Si como...** This passage, which appears to confuse the cardinal compass points, has been translated by Dixon as follows: "If, as I own that land (and rank to match) which by inheritance are lately mine, I ruled from where the sun most fiercely burns to where it nestles in

DIANA	Creo, señor Marqués, el amor vuestro
	y, satisfecha de nobleza tanta,
	haré tratar el pensamiento nuestro,
740		si al conde Federico no le espanta.
RICARDO	Bien sé que en trazas° es el Conde diestro,° strategies, shrewd
	porque en ninguna cosa me adelanta;
	mas yo fío de vos, que mi justicia
	los ojos cegará de su malicia.

Sale TEODORO.

| TEODORO | Ya lo que mandas hice. |
745 | RICARDO | Si ocupada |
	vuseñoría está, no será justo
	hurtarle° el tiempo. steal
DIANA	No importara nada,
	puesto que a Roma escribo.
RICARDO	No hay disgusto
	como en día de cartas dilatada° extended
	visita.
DIANA	Sois discreto.° prudent
750	RICARDO	En daros gusto.
	Celio, ¿qué te parece?
CELIO	Que quisiera
	que ya tu justo amor premio tuviera.

Vase RICARDO.

DIANA	¿Escribiste?
TEODORO	Ya escribí,
	aunque bien desconfiado,
755 | | mas soy mandado y forzado. |

Aurora's arms; had I the gold men worship in the West, pearls from the South—the frozen tears of Heaven—and diamonds from the East, in quest of which they scour the seven seas, all should be yours; I'd sail from shores which scarcely see the sun, impressing with the prints of wooden feet the salty plains of earth's remotest oceans, to reach at last the Antipodean strands, the utmost limits of man's sovereignty" (*The Dog in the Manger* 54).

DIANA	Muestra.
TEODORO	Lee.
DIANA	Dice así:

[*Lee* DIANA.]

«Querer por ver querer envidia fuera[78]
si quien lo vio, sin ver amar, no amara,
porque antes de amar, no amar pensara,
760 después no amara, puesto que amar viera.
Amor que lo que agrada considera
en ajeno poder su amor declara,
que como la color sale a la cara,
sale a la lengua lo que al alma altera.°   upsets
765 No digo más, porque lo más ofendo
desde lo menos, si es que desmerezco
porque del ser dichoso me defiendo.
Esto que entiendo solamente ofrezco,
que lo que no merezco no lo entiendo
770 por no dar a entender que lo merezco.»[79]
Muy bien guardaste el decoro.°   decorum

TEODORO	¿Búrlaste?
DIANA	¡Pluguiera a Dios![80]
TEODORO	¿Qué dices?
DIANA	Que de los dos
	el tuyo vence, Teodoro.
775 TEODORO	Pésame,° pues no es pequeño I'm sorry
	principio de aborrecer° hate
	un criado el entender
	que sabe más que su dueño.

---

78   Teodoro responds to Diana, utilizing conventional Baroque
language and conceits. The repetition of different forms of a word is the
rhetorical trope known as polyptoton.

79   **No digo...** "I say no more, for fear, as an inferior—although
to spurn the promise of such bliss may seem remiss—to offend one far
superior, and all I know and seek to show is this: If I acknowledged what
I hope is true, I'd seem to claim much more than is my due" (Dixon, *The
Dog in the Manger* 55-56).

80   **¿Burlaste?...** *Are you making fun of me? Heavens no!*

De cierto rey se contó
que le dijo a un gran privado:°   favorite
«Un papel me da cuidado,
y si bien le he escrito yo.
Quiero ver otro de vos
y el mejor escoger quiero.»
Escribiole el caballero
y fue el mejor de los dos.
Como vio que el Rey decía
que era su papel mejor,
fuese y díjole al mayor
hijo de tres que tenía:
«Vámonos del reino luego,
que en gran peligro estoy yo.»
El mozo le preguntó
la causa, turbado° y ciego,   worried
y respondiole: «Ha sabido
el Rey que yo sé más que él»,
que es lo que en aqueste papel
me puede haber sucedido.

DIANA   No, Teodoro, que aunque digo
que es el tuyo más discreto,
es porque sigue el conceto°   conceit
de la materia que sigo
y no para que presuma
tu pluma, que, si me agrada,
pierdo el estar confiada
de los puntos de mi pluma;
fuera de que soy mujer
a cualquier error sujeta,
y no sé si muy discreta,
como se me echa de ver.
Desde lo menos aquí
dices que ofendes lo más,
y amando, engañado° estás,   mistaken
porque en amor no es ansí,
que no ofende un desigual
amando, pues solo entiendo

780
785
790
795
800
805
810
815

que se ofende aborreciendo.

TEODORO   Esa es razón natural.

820   Mas pintaron a Faetonte[81]
y a Ícaro despeñados:
uno, en caballos dorados,
precipitado en un monte,
y otro, con alas de cera,
derretido en el crisol°   crucible
del sol.

825 DIANA   No lo hiciera el sol
si, como es sol, mujer fuera.
Si alguna cosa sirvieres
alta, sírvela y confía,
que amor no es más que porfía;°   persistence
830   no son piedras las mujeres.
Yo me llevo este papel,
que despacio me conviene
verle.

TEODORO   Mil errores tiene.

DIANA   No hay error ninguno en él.

835 TEODORO   Honras mi deseo; aquí
traigo el tuyo.

DIANA   Pues allá
le guarda, aunque bien será
rasgarle.°   tear it up

TEODORO   ¿Rasgarle?

DIANA   Sí,
que no importa que se pierda
840   si se puede perder más.[82]

Váyase.

TEODORO   Fuese.[83] ¿Quién pensó jamás

---

81   Phaethon was the son of Helios (the sun). He borrowed the
chariot of the sun and drove it so close to earth that Zeus struck him
down to save the world; he symbolizes rash presumption.

82   **No importa...** *it doesn't matter that it be lost, if much more can
be.* Diana alludes to the possible loss of her reputation.

83   In this long monologue, Teodoro ponders his situation, the

de mujer tan noble y cuerda
este arrojarse tan presto
a dar su amor a entender?
Pero también puede ser
845   que yo me engañase en esto.
Mas no me ha dicho jamás,
ni a lo menos se me acuerda:
«Pues ¿qué importa que se pierda,
si se puede perder más?»
850   Perder más... Bien puede ser
por la mujer que decía...
mas todo es bachillería,
y ella es la misma mujer.
Aunque no, que la Condesa
855   es tan discreta y tan varia
que es la cosa más contraria
de la ambición que profesa.
Sírvenla príncipes hoy
en Nápoles, que no puedo
860   ser su esclavo. Tengo miedo,
que en grande peligro estoy.
Ella sabe que a Marcela
sirvo, pues aquí ha fundado
el engaño° y me ha burlado.[84]   trick
865   Pero en vano se recela
mi temor, porque jamás
burlando salen colores.[85]
¿Y el decir con mil temores
que se puede perder más?
870   ¿Qué rosa al llorar la Aurora
hizo de las hojas ojos,
abriendo los labios rojos
con risa a ver cómo llora
como ella los puso en mí,

---

sentiments expressed by Diana, and recent plot developments.
    84   Teodoro suspects that Diana is mocking him because she
knows that he is courting Marcela.
    85   **porque jamás...** *because no one who mocks, blushes*

875   bañada en púrpura y grana,
            o qué pálida manzana
            se esmaltó de carmesí?[86]
            Lo que veo y lo que escucho
            yo lo juzgo, o estoy loco,
880   para ser de veras, poco,
            y para de burlas, mucho.
            Mas teneos, pensamiento,
            que os vais ya tras la grandeza,
885   aunque si digo belleza
            bien sabéis vos que no miento,
            que es bellísima Diana
            y es discreción sin igual.

                    Sale MARCELA.

MARCELA   ¿Puedo hablarte?
TEODORO   Ocasión tal
890   mil imposibles allana,
            que por ti, Marcela mía,
            la muerte me es agradable.
MARCELA   Como yo te vea y hable,
            dos mil vidas perdería.
895   Estuve esperando el día
            como el pajarillo solo
            y, cuando vi que en el polo
            que Apolo más presto dora[87]
            le despertaba la Aurora,
900   dije: «Yo veré mi Apolo.»
            Grandes cosas han pasado,
            que no se quiso acostar
            la Condesa hasta dejar
            satisfecho su cuidado.

---

86   **¿Qué rosa…** "What rose, its petals opening like eyes, has ever
smiled, through crimson lips, to see the tears of dawn, so radiantly as she,
suffused with scarlet, turned her eyes on me?" (Dixon, *The Dog in the
Manger* 57).

87   **en el…** *in the pole that Apollo gilds first* (the East)

905 Amigas que han envidiado
mi dicha° con deslealtad°   happiness, betrayal
le han contado la verdad;
que entre quien sirve, aunque veas
que hay amistad, no la creas,
910 porque es fingida° amistad.   feigned
Todo lo sabe en efeto,
que si es Diana la luna,
siempre a quien ama importuna,°   bothers
salió y vio nuestro secreto.
915 Pero será, te prometo,
para mayor bien, Teodoro,
que del honesto decoro
con que tratas de casarte
le 'di parte,° y dije aparte   informed
920 cuán tiernamente te adoro.
Tus prendas le encarecí,[88]
tu estilo, tu gentileza,
y ella entonces su grandeza
mostró tan piadosa° en mí,   compassionate
925 que se alegró de que en ti
hubiese los ojos puesto
y de casarnos muy presto°   soon
palabra también me dio,
luego que de mí entendió
930 que era tu amor tan honesto.
Yo pensé que se enojara
y la casa revolviera,°   turn upside down
que a los dos nos despidiera°   dismiss
y a los demás castigara,
935 mas su sangre ilustre y clara
y aquel ingenio en efeto
tan prudente y tan perfeto
conoció lo que mereces.
¡Oh, bien haya, amén mil veces,
940 quien sirve a señor discreto![89]

---

88   **Tus prendas…** *I praised your moral qualities*
89   **¡Oh, bien…** *those who serve a wise master are blessed a thousandfold*

TEODORO	¿Que casarme prometió	
	contigo?	
MARCELA	¿Pones duda	
	que a su ilustre sangre acuda?°	respond to
TEODORO	[*Aparte*] (Mi ignorancia me engañó.	
945		¡Qué necio pensaba yo	
	que hablaba en mí la Condesa!	
	De haber pensado me pesa	
	que pudo tenerme amor,	
	que nunca tan alto azor°	hawk
950		se humilla a tan baja presa.°)	prey
MARCELA	¿Qué murmuras° entre ti?	are you muttering
TEODORO	Marcela, conmigo habló,	
	pero no se declaró	
	en darme a entender que fui	
955		el que embozado salí	
	anoche de su aposento.	
MARCELA	Fue discreto pensamiento	
	por no obligarse al castigo	
	de saber que hablé contigo,	
960		si no lo es el casamiento;	
	que el castigo más piadoso	
	de dos que se quieren bien	
	es casarlos.	
TEODORO	Dices bien,	
	y el remedio más honroso.°	honorable
MARCELA	¿Querrás tú?	
965	TEODORO	Seré dichoso.	
MARCELA	Confírmalo.	
TEODORO	Con los brazos,	
	que son los rasgos° y lazos°	swirls, loops
	de la pluma del amor,	
	pues no hay rúbrica° mejor	flourish
970 | | que la que firman los brazos. | |

Sale la CONDESA.

	DIANA	Esto se ha enmendado° bien;	resolved
		agora estoy muy contenta,	
		que siempre a quien reprehende	
		da gran gusto ver la enmienda.°	resolution
975		No os turbéis, ni os alteréis.	
	TEODORO	Dije, señora, a Marcela	
		que anoche salí de aquí	
		con tanto disgusto y pena	
		de que vuestra señoría	
980		imaginase, en su ofensa,	
		este pensamiento honesto	
		para casarme con ella,	
		que me he pensado morir,	
		y dándome por respuesta	
985		que mostrabas en casarnos	
		tu piedad y tu grandeza,	
		dile mis brazos, y advierte	
		que si mentirte quisiera	
		no me faltara un engaño,	
990		pero no hay cosa que venza°	wins over
		como decir la verdad	
		a una persona discreta.	
	DIANA	Teodoro, justo castigo	
		la deslealtad mereciera	
995		de haber perdido el respeto	
		a mi casa, y la nobleza	
		que usé anoche con los dos	
		no es justo que parte sea	
		a que os arreváis ansí,	
1000		que en llegando a desvergüenza	
		el amor, no hay privilegio	
		que el castigo le defienda.	
		Mientras no os casáis los dos,	
		mejor estará Marcela	
1005		cerrada en un aposento;	
		que no quiero yo que os vean	
		juntos las demás criadas	
		y que por ejemplo os tengan	

para casárseme todas.
1010   ¡Dorotea! ¡Ah, Dorotea!

Sale DOROTEA.

DOROTEA   Señora...
DIANA   Toma esta llave
            y en mi propia cuadra° encierra   room
            a Marcela, que estos días
            podrá hacer labor° en ella.   needlework
1015   No diréis que esto es enojo.
DOROTEA   ¿Qué es esto, Marcela?
MARCELA   Fuerza
            de un poderoso tirano°   tyrant
            y una rigurosa estrella.°   fate
            ¡Enciérrame por Teodoro!
1020 DOROTEA   Cárcel aquí no la temas,
            y para puertas de celos
            tiene amor llave maestra.

                *Váyanse las dos. Queden
                la* CONDESA *y* TEODORO.

DIANA   En fin, Teodoro, ¿tú quieres
            casarte?
TEODORO   Yo no quisiera
1025   hacer cosa sin tu gusto;
            y créeme que mi ofensa
            no es tanta como te han dicho,
            que bien sabes que con lengua
            de escorpión pintan la envidia,
1030   y que si Ovidio supiera
            qué era servir, no en los campos,
            no en las montañas desiertas
            pintara su escura casa,
            que aquí habita y aquí reina.
1035 DIANA   Luego ¿no es verdad que quieres
            a Marcela?

TEODORO	Bien pudiera
	vivir sin Marcela yo.
DIANA	Pues díceme que por ella
	'pierdes el seso.°	you've lost your head
TEODORO	Es tan poco

TEODORO   Es tan poco

1040   que no es mucho que le pierda,
  mas crea vusiñoría
  que aunque Marcela merezca
  esas finezas en mí,
  no ha habido tantas finezas.

1045 DIANA   Pues ¿no le has dicho requiebros
  tales que engañar pudieran
  a mujer de más valor?

TEODORO   Las palabras poco cuestan.

DIANA   ¿Qué le has dicho, por mi vida?

1050   ¿Cómo, Teodoro, requiebran
  los hombres a las mujeres?

TEODORO   Como quien ama y quien ruega,°   begs
  vistiendo de mil mentiras
  una verdad, y esa apenas.

1055 DIANA   Sí, pero ¿con qué palabras?

TEODORO   Estrañamente 'me aprieta°   press me
  vuseñoría: «Esos ojos,
  le dije, esas niñas° bellas,   eyes
  son luz con que ven los míos,

1060   y los 'corales y perlas°   lips and teeth
  desa boca celestial...»

DIANA   ¿Celestial?

TEODORO   Cosas como estas
  son la cartilla,° señora,   primer
  de quien ama y quien desea.

1065 DIANA   Mal gusto tienes, Teodoro.
  No te espantes de que pierdas
  hoy el crédito conmigo,
  porque sé yo que en Marcela
  hay más defetos que gracias,

1070   como la miro más cerca.
  Sin esto, porque no es limpia,

no tengo pocas pendencias°   quarrels
con ella... Pero no quiero
desenamorarte della;
1075   que bien pudiera decirte
cosas, pero aquí se quedan
sus gracias o sus desgracias,
que yo quiero que la quieras
y que os caséis en buen hora.
1080   Mas, pues de amador te precias,
dame consejo, Teodoro,
–ansí a Marcela poseas–
para aquella amiga mía
que ha días que no sosiega
1085   de amores de un hombre humilde,
porque si en quererle piensa,
ofende su autoridad,
y si de quererle deja,
pierde el juicio de celos;
1090   que el hombre, que no sospecha
tanto amor, anda cobarde,
aunque es discreto con ella.

TEODORO   ¿Yo, señora, sé de amor?
No sé, por Dios, cómo pueda
aconsejarte.

1095   DIANA   ¿No quieres,
como dices, a Marcela?
¿No le has dicho esos requiebros?
Tuvieran lengua las puertas,
que ellas dijeran...⁹⁰

TEODORO   No hay cosa
1100   que decir las puertas puedan.

DIANA   Ea, que ya 'te sonrojas,°   you're blushing
y lo que niega la lengua
confiesas con las colores.

TEODORO   Si ella te lo ha dicho, es necia;°   stupid
1105   una mano le tomé
y no me quedé con ella,

———————
90   **Tuvieran lengua...** *if the doors could speak, they would say*

que luego se la volví.[91]
¡No sé yo de qué se queja!

DIANA Sí, pero hay manos que son
como la paz de la Iglesia,
que siempre vuelven besadas.

TEODORO Es necísima° Marcela.   = muy necia
Es verdad que me atreví,
pero con mucha vergüenza,
a que templase la boca
con nieve y con azucenas.[92]

DIANA ¿Con azucenas y nieve?
Huelgo° de saber que templa°   I'm happy, cools
ese emplasto° el corazón.   poultice
Ahora bien, ¿qué me aconsejas?

TEODORO Que si esa dama que dices
hombre tan bajo desea,
y de quererle resulta
a su honor tanta bajeza,
haga que con un engaño,
sin que la conozca, pueda
gozarle.°   possess him

DIANA Queda el peligro
de presumir que lo entienda.
¿No será mejor matarle?

TEODORO De Marco Aurelio se cuenta
que dio a su mujer Faustina,[93]
para quitarle la pena,
sangre de un esgrimidor;°   gladiator
pero estas romanas pruebas
son buenas entre gentiles.

DIANA Bien dices, que no hay Lucrecias,[94]

---

91 **una mano...** *I took her hand but I didn't keep it and returned it to her*

92 **a que...** *to cool my lips with snow and lilies* (Marcela's fair skin)

93 Faustina was the wife of the Roman emperor Marcus Aurelius (A.D. 121-180).

94 The rape of Lucretia by the king's son and her subsequent suicide led to the overthrow of the monarchy and establishment of the Roman republic.

ni Torcatos,[95] ni Virginios[96]
en esta edad, y en aquella
hubo Faustinas, Teodoro,
Mesalinas[97] y Popeas.[98]
Escríbeme algún papel
que a este propósito sea,
y queda con Dios. ¡Ay, Dios!

[*Caiga.*]

¡Caí! ¿Qué me miras? ¡Llega!
¡Dame la mano![99]

TEODORO El respeto
me detuvo de ofrecella.

DIANA ¡Qué graciosa grosería
que con la capa la ofrezcas![100]

TEODORO Así, cuando vas a misa,
te la da Otavio.

DIANA Es aquella
mano que yo no le pido,
y debe de haber setenta
años que fue mano, y viene
amortajada° por muerta.   shrouded
Aguardar quien ha caído
a que se vista de seda
es como ponerse un jaco°   coat of mail
quien ve al amigo en pendencia,
que mientras baja, le han muerto.
Demás que no es bien que tenga

1140
1145
1150
1155
1160

---

95 Titus Manlius Torquatus was the Roman dictator who executed his own son for disobeying orders.

96 Lucius Virginius was the Roman centurion who killed his daughter rather than turn her over to Appius Claudius.

97 Messalina was the wife of the Roman emperor Claudius.

98 Poppaea Sabina was the wife of the Roman emperor Nero.

99 Diana's contrived fall is portrayed cleverly in Pilar Miró's film version of the play; it should be acted in an exaggerated manner.

100 Teodoro offers to help up Diana with his hand wrapped in his cloak.

		nadie por más cortesía,	
		aunque melindres° lo aprueben,	affectations
		que una mano, si es honrada,	
		traiga la cara cubierta.	
1165	TEODORO	Quiero estimar la merced°	favor
		que me has hecho.	
	DIANA	Cuando seas	
		escudero la darás	
		en el ferreruelo° envuelta,	short cape
		que agora eres secretario,	
1170		con que te he dicho que tengas	
		secreta aquesta caída,	
		si levantarte deseas.	

Váyase.

		¿Puedo creer que aquesto es verdad? Puedo,	
	TEODORO	si miro que es mujer Diana hermosa.	
1175		Pidió mi mano, y la color de rosa,	
		al dársela, robó del rostro el miedo.	
		Tembló, yo lo sentí; dudoso quedo.	
		¿Qué haré? Seguir mi suerte venturosa,°	fortunate
		si bien, por ser la empresa° tan dudosa,°	enterprise, doubtful
1180		niego al temor lo que al valor concedo.°	concede
		Mas dejar a Marcela es caso injusto,	
		que las mujeres no es razón que esperen	
		de nuestra obligación tanto disgusto.	
		Pero si ellas nos dejan cuando quieren	
1185		por cualquiera interés o nuevo gusto,	
		mueran también como los hombres mueren.	

Acto II

Salen el CONDE FEDERICO *y* LEONIDO, *criado.*

FEDERICO	¿Aquí la viste?
LEONIDO	Aquí entró
	como el alba° por un prado,
	que a su tapete bordado
	la primera luz le dio;
	y según la devoción,
	no pienso que tardarán,
	que conozco al capellán
	y es más breve que es razón.¹
FEDERICO	¡Ay, si la pudiese hablar!
LEONIDO	Siendo tú su primo, es cosa
	acompañarla forzosa.
FEDERICO	El pretenderme casar
	ha hecho ya sospechoso
	mi parentesco,² Leonido,
	que antes de haberla querido
	nunca estuve temeroso.
	Verás que un hombre visita
	una dama libremente
	por conocido o pariente
	mientras no la solicita,°
	pero en llegando a querella,
	aunque de todos se guarde,
	menos entra, y más cobarde,
	y apenas habla con ella.
	Tal me ha sucedido a mí
	con mi prima la Condesa,
	tanto, que de amar me pesa,
	pues lo más del bien perdí,

Marginal glosses: dawn (line 1188); court (line 1206)

Line numbers: 1190, 1195, 1200, 1205, 1210

---

1   **que conozco...** *I know the priest and his sermons are shorter than they should be*

2   **El pretenderme...** *my kinship is suspect now that I am a suitor*

1215	pues me estaba mejor vella°	= verla
	tan libre como solía.	

Salen el MARQUÉS RICARDO *y* CELIO

CELIO   A pie digo que salía,
y alguna gente con ella.

RICARDO   Por estar la Iglesia enfrente
1220   y por preciarse del talle³
ha querido honrar la calle.

CELIO   ¿No has visto por el Oriente
salir, serena mañana,
el sol con mil rayos de oro,
1225   cuando dora el blanco Toro
que pace campos de grana⁴
(que así llamaba un poeta
los 'primeros arreboles°)?   first flush of dawn
Pues tal salió, con dos soles,°   eyes
1230   más hermosa y más perfecta,
la bellísima Diana,
la condesa de Belflor.

RICARDO   Mi amor te ha vuelto pintor
de tan serena mañana,
1235   y hácesla sol con razón,
porque el sol, en sus caminos,
va pasando varios signos°   zodiac signs
que sus pretendientes son.
Mira que allí Federico
1240   aguarda sus rayos de oro.

CELIO   ¿Cuál de los dos será el Toro
a quien hoy al sol aplico?⁵

RICARDO   Él, por primera afición,
aunque del nombre se guarde,

---

3   **por preciarse...** *proud of her appearance*

4   **cuando dora...** *when the sun gilds the white bull that grazes in scarlet pastures* (the constellation Taurus)

5   **¿Cuál de...** *which of you will be the bull* (Taurus) *to whom I assign the sun today?* Celio's mention of a horned beast is a sly allusion to a cuckold.

1245   que yo, para entrar más tarde,
     seré el signo de León.[6]

FEDERICO   ¿Es aquel Ricardo?

LEONIDO   Él es.

FEDERICO   Fuera maravilla rara
     que deste puesto faltara.

1250   LEONIDO   ¡Gallardo viene el Marqués!

FEDERICO   No pudieras decir más
     si tú fueras el celoso.

LEONIDO   ¿Celos tienes?

FEDERICO   ¿No es forzoso?
     De alabarle me los das.

1255   LEONIDO   Si a nadie quiere Diana,
     ¿de qué los puedes tener?

FEDERICO   De que le puede querer,
     que es mujer.

LEONIDO   Sí, mas tan vana,°   vain
     tan altiva° y desdeñosa,°   arrogant, disdainful

1260   que a todos os asegura.

FEDERICO   Es soberbia la hermosura.

LEONIDO   No hay ingratitud hermosa.

CELIO   Diana sale, señor.

RICARDO   Pues tendrá mi noche día.

CELIO   ¿Hablarasla?°   = Hablarás *con ella*

1265   RICARDO   Eso querría,
     si quiere el competidor.

Salen OTAVIO, FABIO, TEODORO, *la* CONDESA *y,
detrás,* MARCELA, DOROTEA, ANARDA,
con mantos; llegue el CONDE *por un lado.*

FEDERICO   Aquí aguardaba con deseo de veros.

DIANA   Señor Conde, seáis muy bien hallado.

---

6   **Él, por...** *he will, because he was here first, although he will try
to avoid the name* (of cuckold); *and I, because I came afterwards, will
be the lion* (Leo). This dialogue plays humorously with the notion that
Diana is the Sun and passes through various zodiac signs (her suitors)
that indicate horned beasts—such as Taurus, Capricorn, and Aries—all
of which connote cuckolds.

RICARDO	Y yo, señora, con el mismo agora
1270	a acompañaros vengo y a serviros.
DIANA	Señor Marqués, ¿qué dicha es esta mía?
	¡Tanta merced...!
RICARDO	Bien debe a mi deseo
	vuseñoría este cuidado.
FEDERICO	Creo
	que no soy bien mirado y admitido.
LEONIDO	Háblala, no 'te turbes.°
1275 FEDERICO	¡Ay, Leonido!
	Quien sabe que no gustan de escuchalle,
	¿de qué te admiras que se turbe y calle?

be embarrassed

Todos se entren por la otra puerta, acompañando
a la CONDESA, *y quede allí* TEODORO.

TEODORO	Nuevo pensamiento mío
	desvanecido en el viento,[7]
1280	que, con ser mi pensamiento,
	de veros volar me río,
	parad, detened el brío,
	que os detengo y os provoco
	porque, si el intento es loco,
1285	de los dos lo mismo escucho,[8]
	aunque donde el premio es mucho
	el atrevimiento es poco;
	y si por disculpa dais
	que es infinito el que espero,
1290	averigüemos primero,
	pensamiento, en qué os fundáis.
	¿Vos a quien servís amáis?
	Diréis que ocasión tenéis
	si a vuestros ojos creéis,
1295	pues, pensamiento, decildes
	que sobre pajas humildes

---

7 **desvanecido en...** *carried off on the wind*
8 **os detengo...** *I restrain you and I urge you on because if the*
intent is mad, the same can be said of both of us

torre de diamante hacéis.[9]
Si no me sucede bien,
quiero culparos a vos,
1300   mas teniéndola° los dos,   = la *culpa*
no es justo que culpa os den,
que podréis decir también,
cuando del alma os levanto
y de la altura me espanto
1305   donde el amor os subió,
que el estar tan bajo yo
os hace a vos subir tanto.
Cuando algún hombre ofendido
al que le ofende defiende,
1310   que dio la ocasión se entiende
del daño que os ha venido,
sed en buen hora atrevido,[10]
que aunque los dos nos perdamos
esta disculpa llevamos:
1315   que vos os perdéis por mí
y que yo tras vos me fui
sin saber adónde vamos.
Id en buen hora aunque os den
mil muertes por atrevido,
1320   que no se llama perdido
el que se pierde tan bien.
Como otros dan parabién°   thanks
de lo que hallan, estoy tal
que de perdición° igual   loss
1325   os le doy, porque es perderse
también, que puede tenerse
envidia del mismo mal.[11]

---

9   **decildes que…** *tell them* (your eyes) *that they are building a tower of diamond on straw*

10   **sed en…** *go forth and be daring*

11   **Id en…** "Go with my blessing then, though they destroy you a thousand times for your presumptuousness. One so well lost can't be accounted lost. Others give thanks for what they find, but I'll thank you for what I lose, for if I lose, that loss will be a gain I gladly choose" (Dixon, *The Dog in the Manger* 66).

Sale Tristán.

Tristán	Si en tantas lamentaciones
	cabe un papel de Marcela,¹²
1330	que contigo se consuela
	de sus pasadas prisiones,
	bien te le daré sin porte,¹³
	porque a quien 'no ha menester°

has no need of

	nadie le procura ver
1335	a la usanza de la corte.
	Cuando está en alto lugar
	un hombre (¡y qué bien lo imitas!),
	¡qué le vienen de visitas
	a molestar y a enfadar!,
1340	pero si mudó de estado,
	como es la Fortuna incierta,
	todos huyen de su puerta
	como si fuese apestado.¹⁴
	¿Parécete que lavemos
1345	en vinagre este papel?¹⁵
Teodoro	Contigo, necio, y con él
	entrambas cosas tenemos.
	Muestra, que vendrá lavado
	si en tus manos ha venido.
1350	[*Lea.*] «A Teodoro, mi marido.»
	¿Marido? ¡Qué necio enfado!
	¡Qué necia cosa!
Tristán	Es muy necia.
Teodoro	Pregúntale a mi ventura
	si subida a tanta altura
1355	esas mariposas precia.
Tristán	Léele, por vida mía,

---

12   **Si en...** *if a note from Marcela can console you*

13   **sin porte...** *without porterage.* The recipient of a letter customarily paid the postage.

14   **como si...** *as if he had the plague.* Tristán compares Marcela's note to an out of favor courtier who all avoid as if had the plague.

15   **¿Parécete que...** *should we wash this note with vinegar* (a disinfectant)?

	aunque ya estés tan divino,	
	que no se desprecia el vino	
	de los mosquitos que cría,[16]	
1360	que yo sé cuando Marcela,	
	que llamas ya mariposa,	
	era 'águila caudalosa.°	soaring eagle
TEODORO	El pensamiento que vuela	
	a los mismos cercos de oro	
1365	del sol tan baja la mira,	
	que aun de que la ve se admira.	
TRISTÁN	Hablas con justo decoro.	
	Mas ¿qué haremos del papel?	
TEODORO	Esto.	
TRISTÁN	¿Rasgástele?	
TEODORO	Sí.	
TRISTÁN	¿Por qué, señor?	
1370	TEODORO Porque ansí	
	respondí más presto a él.	
TRISTÁN	Ese es injusto rigor.	
TEODORO	Ya soy otro, no te espantes.	
TRISTÁN	Basta, que sois los amantes	
1375	boticarios del amor,	
	que como ellos las recetas	
	vais ensartando papeles:[17]	
	récipe celos crueles,	
	agua de azules violetas;	
1380	récipe un desdén estraño,	
	sirupi del *borrajorum*	
	con que la sangre *templorum*[18]	
	para asegurar el daño;[19]	
	récipe° ausencia, tomad	prescription
1385	un emplasto para el pecho,	

---

16   It was believed that mosquitoes were attracted to wine.

17   Tristán remarks that lovers are like apothecaries, collecting love notes like prescriptions and destroying them once the illness is cured. The prescriptions that follow, in macaronic Latin, are mock treatments to cure the maladies of love.

18   **sirupi del borrajorum** was a syrup of borage to cool the blood.

19   **para asegurar...** *to ease the suffering*

que os hiciera más provecho
estaros en la ciudad;
récipe de matrimonio:
allí es menester jarabes°   syrup
1390 y, tras diez días suaves,
purgalle con antimonio;[20]
récipe *signus celeste*,
que *Capricornius dicetur*,
ese enfermo *morietur*,
1395 si no es que paciencia preste;[21]
récipe que de una tienda
joya o vestido *sacabis*,
con tabletas *confortabis*
la bolsa que tal emprenda.
1400 'A esta traza,° finalmente,   in this way
van todo el año ensartando;
llega la paga: en pagando,
o viva o muera el doliente
se rasga todo papel;
1405 tú la cuenta has acabado
y el de Marcela has rasgado
sin saber lo que hay en él.

TEODORO   Ya tú debes de venir
con el vino que otras veces.
1410 TRISTÁN   Pienso que 'te desvaneces°   you're carried away
con lo que intentas subir.
TEODORO   Tristán, cuantos han nacido
su ventura han de tener;
no saberla conocer
1415 es el no haberla tenido.
O morir en la porfía,
o ser conde de Belflor.[22]
TRISTÁN   César llamaron, señor,

---

20   **purgalle con...** *purge with antimony.* Tristán says that after
the first ten days, marriage becomes a pain that must be purged.

21   **signus celeste...** *the only remedy for the cuckold is patience.*
Capricorn, the ram, most often indicates a cuckold.

22   Teodoro reveals his pretentions to become Count of Belflor.

heraldic device

a aquel duque que traía
escrito por gran blasón°
«César o nada» y, en fin,
tuvo tan contrario el fin
que al fin de su pretensión
escribió una pluma airada:
«"César o nada", dijiste,
y todo, César, lo fuiste,
pues fuiste César y nada».[23]

TEODORO   Pues tomo, Tristán, la empresa,°   enterprise
y haga después la Fortuna
lo que quisiere.

Salen MARCELA *y* DOROTEA.

DOROTEA   Si a alguna
de tus desdichas le pesa
de todas las que servimos
a la Condesa, soy yo.

MARCELA   En la prisión que me dio
tan justa amistad hicimos,
y yo me siento obligada
de suerte, mi Dorotea,
que no habrá amiga que sea
más de Marcela estimada.
Anarda piensa que yo
no sé cómo quiere a Fabio.
Pues della nació mi agravio,
que a la Condesa contó
los amores de Teodoro.

DOROTEA   Teodoro está aquí.

MARCELA   ¡Mi bien!

TEODORO   Marcela, el paso detén.

MARCELA   ¿Cómo, mi bien, si te adoro,
cuando a mis ojos te ofreces?

TEODORO   Mira lo que haces y dices,

1420
1425
1430
1435
1440
1445

---
23   Probable reference to Julius Cesar's passing the Rubicon,
meaning the point of no return.

		que en palacio los tapices°	tapestries
1450		han hablado algunas veces.	
		¿De qué piensas que nació	
		hacer figuras en ellos?	
		De avisar que detrás dellos	
1455		siempre algún vivo escuchó.	
		Si un mudo,° viendo matar	mute
		a un rey, su padre, dio voces,	
		figuras que no conoces	
		pintadas sabrán hablar.	
1460	MARCELA	¿Has leído mi papel?	
	TEODORO	Sin leerle le he rasgado,	
		que estoy tan escarmentado²⁴	
		que rasgué mi amor con él.	
	MARCELA	¿Son los pedazos aquestos?	
1465	TEODORO	Sí, Marcela.	
	MARCELA	¿Y ya mi amor	
		has rasgado?	
	TEODORO	¿No es mejor	
		que vernos por puntos puestos	
		en peligros tan estraños?	
		Si tú de mi intento estás,	
1470		no tratemos desto más	
		para escusar tantos daños.	
	MARCELA	¿Qué dices?	
	TEODORO	Que estoy dispuesto	
		a no darle más enojos	
		a la Condesa.	
	MARCELA	En los ojos	
1475		tuve muchas veces puesto	
		el temor desta verdad.	
	TEODORO	Marcela, queda con Dios;	
		aquí acaba de los dos	
		el amor, no el amistad.	
1480	DOROTEA	¿Tú dices eso, Teodoro,	
		a Marcela?	
	TEODORO	Yo lo digo,	

---

24 **que estoy...** *I learned my lesson*

que soy de quietud° amigo   tranquility
y de guardar el decoro
a la casa que me ha dado
el ser que tengo.

1485 MARCELA   Oye, advierte.
TEODORO   Déjame.
MARCELA   ¿De aquesta suerte
            me tratas?
TEODORO   ¡Qué necio enfado!

Váyase.

MARCELA   ¡Ah Tristán, Tristán!
TRISTÁN   ¿Qué quieres?
MARCELA   ¿Qué es esto?
TRISTÁN   Una mudancita,°   little change
1490 que a las mujeres imita
Teodoro.
MARCELA   ¿Cuáles mujeres?
TRISTÁN   Unas de azúcar y miel.°   honey
MARCELA   Dile...
TRISTÁN   No me digas nada,
que soy vaina° de esta espada,   sheath
1495 nema° de aqueste papel,   seal
caja de aqueste sombrero,
'fieltro deste caminante,°   traveller's cloak
'mudanza deste danzante,°   dancer's step
día deste vario hebrero,°   = **febrero**
1500 sombra deste cuerpo vano,
'posta de aquesta estafeta,°   courier's horse
rastro° de aquesta cometa,   tail
tempestad deste verano,
y finalmente yo soy
1505 la uña de aqueste dedo,
que en cortándome no puedo
decir que con él estoy.

Váyase.

MARCELA	¿Qué sientes° desto?	think about
DOROTEA	No sé,	
	que a hablar no me atrevo.	
MARCELA	¿No?	
	Pues yo hablaré.	
DOROTEA	Pues yo no.	
MARCELA	Pues yo sí.	
DOROTEA	Mira que fue	
	bueno el aviso, Marcela,	
	de los tapices que miras.	
MARCELA	Amor en celosas iras	
	ningún peligro recela.°	fears
	A no saber cuán altiva°	proud
	es la Condesa, dijera	
	que Teodoro en algo espera,	
	porque no sin causa priva°	favors Teodoro
	tanto estos días Teodoro.	
DOROTEA	Calla, que estás enojada.	
MARCELA	Mas yo me veré vengada,	
	ni soy tan necia que ignoro	
	las tretas de hacer pesar.	

Sale FABIO.

FABIO	¿Está el secretario aquí?	
MARCELA	¿Es por burlarte de mí?	
FABIO	Por Dios, que le ando a buscar,	
	que le llama mi señora.	
MARCELA	Fabio, que sea o no sea,	
	pregúntale a Dorotea	
	cuál puse a Teodoro agora.	
	¡No es majadero cansado°	tedious
	este secretario nuestro!	
FABIO	¡Qué engaño tan necio el vuestro!	
	¿Querréis que esté deslumbrado	
	de los que los dos tratáis?	
	¿Es concierto° de los dos?	plot

1510
1515
1520
1525
1530
1535

MARCELA	¿Concierto? ¡Bueno!
FABIO	Por Dios,
	que pienso que me engañáis.

1540 MARCELA   Confieso, Fabio, que oí
las locuras de Teodoro,
mas yo sé que a un hombre adoro
harto° parecido a ti.   *very*

FABIO   ¿A mí?

MARCELA   Pues ¿no te pareces
a ti?

1545 FABIO   Pues ¿a mí, Marcela?

MARCELA   Si te hablo con cautela,
Fabio, si no me enloqueces,
si tu talle no me agrada,
si no soy tuya, mi Fabio,
1550   máteme el mayor agravio,
que es el querer despreciada.

FABIO   Es engaño conocido
o tú te quieres morir,
pues quieres restituir
1555   el alma que me has debido.
Si es burla o es invención,
¿a qué camina tu intento?

DOROTEA   Fabio, ten atrevimiento
y aprovecha la ocasión,
1560   que hoy te ha de querer Marcela
por fuerza.

FABIO   Por voluntad
fuera° amor, fuera verdad.   = sería

DOROTEA   Teodoro más alto vuela.
'De Marcela se descarta.°   *is dropping Marcela*

1565 FABIO   Marcela, a buscarle voy.
Bueno en sus desdenes soy;
si amor te convierte en carta,
el sobrescrito a Teodoro,
y, en su ausencia, denla a Fabio;[25]

---

25   **Bueno en…** *it seems I will do when he rejects you; you're like a
letter that is addressed to Teodoro, but can be forwarded to Fabio if Teodoro*

1570

mas yo perdono el agravio
aunque ofenda mi decoro,
y de espacio te hablaré
siempre tuyo en bien o en mal.[26]

Váyase.

DOROTEA   ¿Qué has hecho?

MARCELA   No sé; estoy tal

1575

que de mí misma no sé.
¿Anarda no quiere a Fabio?

DOROTEA   Sí quiere.

MARCELA   Pues de los dos

me vengo, que amor es Dios
de la envidia y del agravio.

Salen la CONDESA *y* ANARDA.

1580

DIANA   Esta ha sido la ocasión.

No me reprehendas° más.   scold

ANARDA   La disculpa que me das

me ha puesto en más confusión.
Marcela está aquí, señora,

1585

hablando con Dorotea.

DIANA   Pues no hay disgusto que sea

para mí mayor agora.
Salte allá fuera, Marcela.

MARCELA   Vamos, Dorotea, de aquí.

1590

Bien digo yo que de mí
o se enfada o se recela.

Váyanse MARCELA *y* DOROTEA.

ANARDA   ¿Puédote hablar?

DIANA   Ya bien puedes.

---

is not at home

26   **siempre tuyo...** *your obedient servant*, a conventional closing
on a letter.

ANARDA	Los dos que de aquí se van	
	ciegos de tu amor están;	
1595	tú en desdeñarlos° excedes	rejecting them
	la condición de Anajarte,²⁷	
	la castidad de Lucrecia,	
	y quien a tantos desprecia...	
DIANA	Ya me canso de escucharte.	
1600 ANARDA	¿Con quién te piensas casar?	
	¿No puede el marqués Ricardo,	
	por generoso y gallardo,	
	si no exceder, igualar	
	al más poderoso y rico?	
1605	¿Y la más noble mujer	
	también no lo puede ser	
	de tu primo Federico?	
	¿Por qué los has despedido	
	con tan estraño desprecio?°	scorn
1610 DIANA	Porque uno es loco, otro necio,	
	y tú, en no haberme entendido,	
	más, Anarda, que los dos.	
	No los quiero porque quiero,	
	y quiero porque no espero	
	remedio.	
1615 ANARDA	¡Válame Dios!	
	¿Tú quieres?	
DIANA	¿No soy mujer?	
ANARDA	Sí, pero imagen de hielo	
	donde el mismo sol del cielo	
	podrá tocar y no arder.	
1620 DIANA	Pues esos hielos, Anarda,	
	'dieron todos a los pies°	fell at the feet
	de un hombre humilde.	
ANARDA	¿Quién es?	
DIANA	La vergüenza me acobarda	
	que de mi propio valor	

---

27   Anaxarete was a Cypriot maiden whose coldness caused her
suitor Iphis to hang himself at her door; she was turned to stone in
punishment.

1625	tengo; no diré su nombre.
	Basta que sepas que es hombre
	que puede infamar° mi honor.

discredit

ANARDA   Si Pasife[28] quiso un toro,
Semíramis[29] un caballo

1630   y otras los monstros que callo
por no infamar su decoro,
¿qué ofensa te puede hacer
querer hombre, sea quien fuere?

DIANA   Quien quiere puede, si quiere,

1635   como quiso, aborrecer.
Esto es lo mejor: yo quiero
no querer.

ANARDA   ¿Podrás?

DIANA   Podré,
que si cuando quise amé,
no amar en queriendo espero.

Toquen dentro.

¿Quién canta?

1640   ANARDA   Fabio con Clara.

DIANA   Ojalá que me diviertan.

ANARDA   Música y amor conciertan.
Bien en la canción repara.

Canten dentro:

¡Oh, quién pudiera hacer, oh, quién hiciese,

1645   *que en no queriendo amar aborreciese!*
¡Oh, quién pudiera hacer, oh, quién hiciera,
que en no queriendo amor aborreciera!

ANARDA   ¿Qué te dice la canción?

---

28   Pasiphae was the wife of King Minos of Crete who fell in love with a bull and gave birth to the Minotaur.

29   Semiramis was the legendary Assyrian queen said to have copulated with a horse.

	¿No ves que te contradice?
1650 DIANA	Bien entiendo lo que dice,
	mas yo sé mi condición,
	y sé que estará en mi mano
	como amar, aborrecer.
ANARDA	Quien tiene tanto poder
1655	pasa del límite humano.³⁰

Entre TEODORO.

TEODORO	Fabio me ha dicho, señora,
	que le mandaste buscarme.
DIANA	Horas ha que te deseo.³¹
TEODORO	Pues ya vengo a que me mandes,
1660	y perdona si he faltado.
DIANA	Ya has visto estos dos amantes,
	estos dos mis pretendientes.
TEODORO	Sí, señora.
DIANA	Buenos talles
	tienen los dos.
TEODORO	Y muy buenos.
1665 DIANA	No quiero determinarme
	sin tu consejo.° ¿Con cuál
	te parece que me case?
TEODORO	Pues ¿qué consejo, señora,
	puedo yo en las cosas darte
1670	que consisten en tu gusto?
	Cualquiera que quieras darme
	por dueño será el mejor.
DIANA	Mal pagas el estimarte
	por consejero, Teodoro,
1675	en caso tan importante.
TEODORO	Señora, ¿en casa no hay viejos
	que entienden de casos tales?

counsel

---

30   Anarda reiterates one of the play's themes, that it is neither human nor natural not to love.

31   Diana's suggestive use of the verb **desear** insinuates her feelings for Teodoro.

	Otavio, tu mayordomo,
	con experiencia lo sabe,
1680	fuera de su larga edad.
DIANA	Quiero yo que a ti te agrade
	el dueño° que has de tener.

master

¿Tiene el Marqués mejor talle
que mi primo?

TEODORO   Sí, señora.

1685 DIANA   Pues elijo al Marqués; parte
y 'pídele las albricias.°

take him the news

Váyase la CONDESA.

TEODORO   ¿Hay desdicha semejante?
¿Hay resolución tan breve?
¿Hay mudanza tan notable?
1690   ¿Estos eran los intentos
que tuve? ¡Oh sol, abrasadme
las alas con que subí,
pues vuestro rayo deshace
las mal atrevidas plumas
1695   a la belleza de un ángel!
Cayó Diana en su error.
¡Oh, qué mal hice en fiarme
de una palabra amorosa!
¡Ay, cómo entre desiguales
1700   mal se concierta el amor!
Pero ¿es mucho que me engañen
aquellos ojos a mí
si pudieran ser bastantes
a hacer engaños a Ulises?
1705   De nadie puedo quejarme
sino de mí; pero, en fin,
¿qué pierdo cuando me falte?[32]
Haré cuenta que he tenido
algún acidente grave
1710   y que mientras me duró

---

32   **¿qué pierdo...** *what have I lost in losing her?*

imaginé disparates.°   crazy ideas
No más; 'despedíos de ser,°   forget about being
¡oh pensamiento arrogante!,
conde de Belflor. Volved
1715   la proa° al antigua margen;°   prow, shore
queramos nuestra Marcela;
para vos Marcela baste.
Señoras busquen señores,
que amor se engendra de iguales,
1720   y pues en aire nacisteis,
quedad convertido en aire,
que donde méritos faltan
los que piensan subir caen.

Sale FABIO.

FABIO   ¿Hablaste ya con mi señora?
TEODORO   Agora,
1725   Fabio, la hablé, y estoy con gran contento
porque ya la Condesa, mi señora,
rinde su condición al casamiento.[33]
Los dos que viste cada cual la adora,
mas ella, con su raro entendimiento,
1730   al Marqués escogió.
FABIO   Discreta ha sido.
TEODORO   Que gane las albricias[34] me ha pedido,
mas yo, que soy tu amigo, quiero darte,
Fabio, aqueste provecho. Parte presto
y pídelas por mí.
FABIO   Si debo amarte
1735   muestra la obligación en que me has puesto.
Voy como un rayo, y volveré a buscarte
satisfecho de ti, contento desto,
y alábese el Marqués, que ha sido empresa
de gran valor rendirse la Condesa.

---

33   **rinde su...** *has consented to marry*
34   The bearer of good news would commonly receive a reward
from the recipient.

Váyase FABIO *y sale* TRISTÁN.

1740	TRISTÁN	Turbado a buscarte vengo.	
		¿Es verdad lo que me han dicho?	
	TEODORO	¡Ay, Tristán! Verdad será	
		si son desengaños míos.	
	TRISTÁN	Ya, Teodoro, en las dos sillas	
1745		los dos batanes° he visto	fulling hammers
		que molieron a Diana,	
		pero que hubiese elegido	
		hasta agora no lo sé.	
	TEODORO	Pues, Tristán, agora vino	
1750		ese tornasol° mudable,	sunflower
		esa veleta,° ese vidrio,	weathervane
		ese río junto al mar,	
		que vuelve atrás, aunque es río,	
		esa Diana, esa luna,	
1755		esa mujer, ese hechizo,	
		ese 'monstro de mudanzas°	monster of mutability
		que solo perderme quiso	
		por afrentar sus vitorias,	
		y que dijese me dijo	
1760		cuál de los dos me agradaba,	
		porque sin consejo mío	
		no se pensaba casar.	
		Quedé muerto, y tan perdido,	
		que no responder locuras	
1765		fue de mi locura indicio;	
		díjome, en fin, que el Marqués	
		le agradaba, y que yo mismo	
		fuese a pedir las albricias.	
	TRISTÁN	¿Ella, en fin, tiene marido?	
1770	TEODORO	El marqués Ricardo.	
	TRISTÁN	Pienso,	
		que a no verte sin juicio	
		y porque dar aflición°	= aflicción
		no es justo a los afligidos,	

	que agora 'te diera vaya°	mock you
1775	de aquel pensamiento altivo	
	con que a ser conde aspirabas.	
TEODORO	Si aspiré, Tristán, ya espiro.°	= **expiro**
TRISTÁN	La culpa tienes de todo.	
TEODORO	No lo niego, que yo he sido	
1780	fácil en creer los ojos	
	de una mujer.	
TRISTÁN	Yo te digo	
	que no hay vasos de veneno	
	a los mortales sentidos,	
	Teodoro, como los ojos	
1785	de una mujer.	
TEODORO	'De corrido°	out of shame
	te juro, Tristán, que apenas	
	puedo levantar los míos.	
	Esto pasó, y el remedio	
	es sepultar en olvido	
1790	el suceso y el amor.	
TRISTÁN	¡Qué arrepentido y contrito°	contrite
	has de volver a Marcela!	
TEODORO	Presto seremos amigos.	

Sale MARCELA.

MARCELA	¡Qué mal que finge° amor quien no le tiene!³⁵	feign
1795	¡Qué mal puede olvidarse amor de un año!	
	Pues mientras más el pensamiento engaño,	
	más atrevido a la memoria viene.³⁶	
	Pero si es fuerza y al honor conviene,	
	remedio suele ser del desengaño	
1800	curar el propio amor amor estraño,	
	que no es poco remedio el que entretiene.	
	Mas, ¡ay!, que imaginar que puede amarse	

---

35   Marcela's sonnet speaks about the difficulty of feigning love
and of forgetting one's first love.

36   **Pues mientras...** *the more I try to trick my thoughts, the more
they flood my memory*

en medio de otro amor es atreverse
a dar mayor venganza por vengarse.
1805 Mejor es esperar que no perderse,
que suele alguna vez, pensando helarse,
amor con los remedios encenderse.

TEODORO ¿Marcela?

MARCELA ¿Quién es?

TEODORO Yo soy.
¿Así te olvidas de mí?

1810 MARCELA Y tan olvidada estoy
que a no imaginar en ti
fuera de mí misma voy,[37]
porque si en mí misma fuera,
te imaginara y te viera,
1815 que, para no imaginarte,
tengo el alma en otra parte,
aunque olvidarte no quiera.
¿Cómo me osaste nombrar?
¿Cómo cupo° en esa boca   fit
1820 mi nombre?

TEODORO Quise probar
tu firmeza,° y es tan poca   constancy
que no me ha dado lugar.
Ya dicen que se empleó
tu cuidado en un sujeto
1825 que mi amor sostituyó.

MARCELA Nunca, Teodoro, el discreto
mujer ni vidrio probó.[38]
Mas no me des a entender
que prueba quisiste hacer;
1830 yo te conozco, Teodoro,
unos pensamientos de oro
te hicieron enloquecer.

---

37 **que a...** *In order not to think of you I have become another woman*

38 **Nunca, Teodoro...** *Teodoro, a wise man never puts a woman or glass to the test.* The conventional idea here is that a woman, like a mirror, is easily sullied.

¿Cómo te va? ¿No te salen
como tú los imaginas?
1835 ¿No te cuestan lo que valen?
¿No hay dichas que las divinas
partes de tu dueño igualen?
¿Qué ha sucedido? ¿Qué tienes?
Turbado, Teodoro, vienes.
1840 ¿Mudose aquel vendaval?°   whirlwind
¿Vuelves a buscar tu igual,
o te burlas y entretienes?
Confieso que me holgaría
que dieses a mi esperanza,
1845 Teodoro, un alegre día.

TEODORO   Si le quieres con venganza,
¿qué mayor, Marcela mía?
Pero mira que el amor
es hijo de la nobleza;
1850 no muestres tanto rigor,
que es la venganza bajeza
indigna del vencedor.
Venciste; yo vuelvo a ti,
Marcela, que no salí
1855 con aquel mi pensamiento.
Perdona el atrevimiento
si ha quedado amor en ti,
no porque no puede ser
proseguir las esperanzas
1860 con que te pude ofender,
mas porque en estas mudanzas
memorias me hacen volver.[39]
Sean, pues, estas memorias
parte a despertar la tuya,
1865 pues confieso tus vitorias.

MARCELA   No quiera Dios que destruya
los principios de tus glorias.
Sirve, bien haces; porfía,
no te rindas, que dirá

---

39   **memorias me...** *memories of you make me return*

1870   tu dueño que es cobardía.

Sigue tu dicha, que ya

voy prosiguiendo la mía.

No es agravio amar a Fabio

pues me dejaste, Teodoro,

1875   sino el remedio más sabio,

que aunque el dueño no mejoro

basta vengar el agravio.

Y quédate a Dios, que ya

me cansa el hablar contigo,

1880   no venga Fabio, que está

medio casado conmigo.

TEODORO   Tenla, Tristán, que se va.

TRISTÁN   Señora, señora, advierte

que no es volver a quererte

1885   dejar de haberte querido:

disculpa el buscarte ha sido,

si ha sido culpa ofenderte.[40]

Óyeme, Marcela, a mí.

MARCELA   ¿Qué quieres, Tristán?

TRISTÁN   Espera.

Salen la CONDESA y ANARDA.

1890   DIANA   ¿Teodoro y Marcela aquí?

ANARDA   Parece que el ver te altera

que estos dos se hablen ansí.

DIANA   Toma, Anarda, esta antepuerta,°   screen

y cubrámonos las dos.

1895   Amor con celos despierta.

MARCELA   ¡Déjame, Tristán, por Dios!

ANARDA   Tristán a los dos concierta,°   making peace

que deben de estar reñidos.°   quarreling

DIANA   El alcahuete lacayo

1900   me ha quitado los sentidos.[41]

---

40   **disculpa el...** *if he has wronged you, he has come to right that wrong*

41   **El alcahuete...** *that lackey pimp is driving me mad*

TRISTÁN	No pasó más presto el rayo
	que por sus ojos y oídos
	pasó la necia belleza
	desa mujer que le adora.
1905	Ya desprecia su riqueza,
	que más riqueza atesora° possesses
	tu gallarda gentileza.
	Haz cuenta que fue cometa
	aquel amor. Ven acá,
	Teodoro.
1910	DIANA

TRISTÁN   No pasó más presto el rayo
que por sus ojos y oídos
pasó la necia belleza
desa mujer que le adora.

1905   Ya desprecia su riqueza,
que más riqueza atesora°   possesses
tu gallarda gentileza.
Haz cuenta que fue cometa
aquel amor. Ven acá,
Teodoro.

1910   DIANA   ¡Brava estafeta°   courier
es el lacayo!

TEODORO   Si ya
Marcela, a Fabio sujeta,
dice que le tiene amor,
¿por qué me llamas, Tristán?

TRISTÁN   Otro enojado.

1915   TEODORO   Mejor
los dos casarse podrán.

TRISTÁN   ¿Tú también? ¡Bravo rigor!
Ea, acaba; llega, pues;
dame esa mano y después
1920   que se hagan las amistades.

TEODORO   Necio, ¿tú me persuades?

TRISTÁN   Por mí quiero que le des
la mano esta vez, señora.

TEODORO   ¿Cuándo he dicho yo a Marcela
1925   que he tenido a nadie amor?
Y ella me ha dicho...

TRISTÁN   Es cautela°   trick
para vengar tu rigor.

MARCELA   No es cautela, que es verdad.

TRISTÁN   ¡Calla, boba! Ea, llegad.
1930   ¡Qué necios estáis los dos!

TEODORO   Yo rogaba, mas, por Dios,
que no he de hacer amistad.

MARCELA   Pues a mí me pase un rayo.[42]

---

42   **Pues a...** *I'll be damned if I will*

Tristán	No jures.°	swear
Marcela	Aunque le muestro	
	enojo, ya 'me desmayo.°	I'm weakening
Tristán	Pues tente firme.	
Diana	¡Qué diestro	
	está el bellaco° lacayo!	rogue
Marcela	Déjame, Tristán, que tengo	
	que hacer.	
Teodoro	Déjala, Tristán.	
Tristán	Por mí, vaya.	
Teodoro	¡Tenla!	
Marcela	¡Vengo,	
	mi amor!	
Tristán	¿Cómo no se van	
	ya? Que a ninguno detengo.	
Marcela	¡Ay, mi bien! No puedo irme.	
Teodoro	Ni yo, porque no es tan firme	
	ninguna roca en la mar.	
Marcela	Los brazos te quiero dar.	
Teodoro	Y yo a los tuyos asirme.°	grasp
Tristán	Si yo no era menester,	
	¿por qué me hicisteis cansar?	
Anarda	¿Desto gustas?[43]	
Diana	Vengo a ver	
	lo poco que hay que fiar	
	de un hombre y una mujer.	
Teodoro	¡Ay! ¡Qué me has dicho de afrentas!	
Tristán	Yo he caído ya con veros	
	juntar las almas contentas,	
	que es desgracia de terceros°	go-betweens
	no se concertar las ventas.	
Marcela	Si te trocare,° mi bien,	exchanged
	por Fabio ni por el mundo,	
	que tus agravios me den	
	la muerte.	
Teodoro	Hoy de nuevo fundo,	
	Marcela, mi amor también,	

Líneas numeradas: 1935, 1940, 1945, 1950, 1955, 1960

---

43   **¿Desto gustas?** *are you enjoying this?*

		y si te olvidare digo	
		que me dé el cielo en castigo	
1965		el verte en brazos de Fabio.	
	MARCELA	¿Quieres deshacer mi agravio?	
	TEODORO	¿Qué no haré por ti y contigo?	
	MARCELA	Di que todas las mujeres	
		son feas.	
	TEODORO	Contigo es claro.	
1970		Mira qué otra cosa quieres.	
	MARCELA	En ciertos celos reparo,	
		ya que tan mi amigo eres,	
		que no importa que esté aquí	
		Tristán.	
	TRISTÁN	Bien podéis por mí,	
1975		aunque de mí mismo sea.	
	MARCELA	Di que la Condesa es fea.	
	TEODORO	Y un demonio para mí.	
	MARCELA	¿No es necia?	
	TEODORO	Por todo estremo.°	extremely
	MARCELA	¿No es bachillera?°	silly
	TEODORO	'Es cuitada.°	utterly
1980	DIANA	Quiero estorbarlos,° que temo	stop them
		que no reparen en nada,[44]	
		y aunque me yelo, me quemo.	
	ANARDA	¡Ay, señora, no hagas tal!	
	TRISTÁN	Cuando queráis decir mal	
1985		de la Condesa y su talle,	
		a mí me oíd.	
	DIANA	¿Escuchalle	
		podré desvergüenza igual?	
	TRISTÁN	Lo primero...	
	DIANA	Yo no aguardo	
		a lo segundo, que fuera	
		necedad.[45]	
1990	MARCELA	Voyme, Teodoro.	

---

44   **temo que...** *I fear they'll stop at nothing*

45   At this point Diana steps out of her hiding place and surprises
the others.

Váyase con una reverencia MARCELA.

TRISTÁN	¡La Condesa!
TEODORO	¡La Condesa!
DIANA	Teodoro.
TEODORO	Señora, advierte...
TRISTÁN	[*Aparte.*] (El cielo a tronar° comienza; thunder
	no pienso aguardar los rayos.°) lightening

Vase TRISTÁN.

1995 DIANA   Anarda, un bufete° llega; writing desk
escribirame Teodoro
una carta de su letra,
pero notándola° yo. dictating it

TEODORO   [*Aparte.*] (Todo el corazón me tiembla.
2000 ¡Si oyó lo que hablado habemos!)

DIANA   [*Aparte.*] (Bravamente amor despierta
con los celos a los ojos.
¡Que aqueste amase a Marcela
y que yo no tenga partes
2005 para que también me quiera!⁴⁶
¡Que se burlasen de mí!)

TEODORO   [*Aparte.*] (Ella murmura y se queja.
Bien digo yo que en palacio,
para que a callar aprenda,
2010 tapices tienen oídos
y paredes tienen lenguas.)

Sale ANARDA *con un bufetillo pequeño*
y 'recado de escribir.° writing materials

ANARDA   Este pequeño he traído
y tu escribanía.° materials

DIANA   Llega,
Teodoro, y toma la pluma.

---

46 **y que...** *and that my qualities are not enough to deserve his love*

2015	TEODORO	[*Aparte.*] (Hoy me mata o me destierra.°)	banishes
	DIANA	Escribe.	
	TEODORO	Di.	
	DIANA	No estás bien	
		con la rodilla en la tierra.	
		Ponle, Anarda, una almohada.°	cushion
	TEODORO	Yo estoy bien.	
	DIANA	Pónsela, necia.	
	TEODORO	[*Aparte.*] (No me agrada este favor	
2020		sobre enojos y sospechas,	
		que quien honra las rodillas	
		cortar quiere la cabeza.)	
		Yo aguardo.	
	DIANA	Yo digo ansí.	
	TEODORO	[*Aparte.*] (Mil cruces° hacer quisiera.)	signs of the cross
2025			

Siéntese la CONDESA *en una silla alta.*
Ella diga y él vaya escribiendo.

DIANA   «*Cuando una mujer principal se ha declarado*
con un hombre humilde, eslo mucho el término
de volver a hablar con otra, mas quien no estima
su fortuna, quédese para necio.»[47]

TEODORO   ¿No dices más?

DIANA   Pues ¿qué más?
El papel, Teodoro, cierra.

ANARDA   [*Aparte a* DIANA.] (¿Qué es esto que haces, señora?)

DIANA   Necedades de amor llenas.

2030 ANARDA   Pues ¿a quién tienes amor?

DIANA   ¿Aún no le conoces, bestia?
Pues yo sé que le murmuran
de mi casa hasta las piedras.

TEODORO   Ya el papel está cerrado.

---

47   «**Cuando una...**» "When a lady of quality has declared herself to a man of the common sort, it is the height of commonness for
him to converse again with another woman; but he who chooses not to
have greatness thrust upon him, may remain a fool" (Dixon, *The Dog in
the Manger* 81).

2035		Solo el sobrescrito° resta.°	addressee, remains
	DIANA	Pon, Teodoro, para ti,	
		y no lo entienda Marcela,	
		que quizá le entenderás	
		cuando de espacio le leas.	

Váyanse la CONDESA *y* ANARDA,
quede solo TEODORO, *y entre* MARCELA.

2040	TEODORO	¿Hay confusión tan estraña?	
		¡Que aquesta mujer me quiera	
		con pausas como sangría°	bloodletting
		y que tenga intercadencias°	fits and starts
		el pulso de amor tan grandes!	
2045	MARCELA	¿Qué te ha dicho la Condesa,	
		mi bien? Que he estado temblando	
		detrás de aquella antepuerta.	
	TEODORO	Díjome que te quería	
		casar con Fabio, Marcela,	
2050		y este papel que escribí	
		es que despacha° a su tierra	sends
		por los dineros del dote.	
	MARCELA	¿Qué dices?	
	TEODORO	Solo que sea	
		para bien y, pues te casas,	
2055		que de burlas ni de veras	
		tomes mi nombre en tu boca.	
	MARCELA	Oye.	
	TEODORO	Es tarde para quejas.	

Váyase.

	MARCELA	No, no puedo yo creer	
		que aquesta la ocasión sea.	
2060		Favores de aquesta loca	
		le han hecho dar esta vuelta,	
		que él está como arcaduz,°	waterwheel
		que cuando baja le llena	

del agua de su favor
2065   y cuando sube le mengua.°   diminishes
¡Ay de mí, Teodoro ingrato,
que luego que su grandeza
te toca al arma me olvidas!
Cuando te quiere me dejas,
2070   cuando te deja me quieres,
¿quién ha de tener paciencia?

Salen el MARQUÉS *y* FABIO.

RICARDO   No pude, Fabio, detenerme un hora.
Por tal merced le besaré las manos.
FABIO   Dile presto, Marcela, a mi señora
que está el Marqués aquí.
2075   MARCELA   Celos tiranos,
celos crueles, ¿qué queréis agora
tras tantos locos pensamientos vanos?
FABIO   ¿No vas?
MARCELA   Ya voy.
FABIO   Pues dile que ha venido
nuestro nuevo señor y su marido.

Vase MARCELA.

2080   RICARDO   Id, Fabio, a mi posada,° que mañana   lodgings
os daré mil escudos y un caballo
de la casta° mejor napolitana.   breed
FABIO   Sabré, si no servillo, celeballo.
RICARDO   Este es principio solo, que Diana
2085   os tiene por criado y por vasallo
y yo por solo amigo.
FABIO   Esos pies beso.
RICARDO   No pago ansí; la obligación° confieso.   gratitude

Sale la CONDESA.

DIANA   ¿Vuseñoría aquí?

RICARDO	Pues ¿no era justo
	si me enviáis con Fabio tal recado,° message
2090	y que después de aquel mortal disgusto
	me elegís por marido y por criado?
	Dadme esos pies, que de manera el gusto
	de ver mi amor en tan dichoso estado
	me vuelve loco, que le tengo en poco
2095	si me contento con volverme loco.[48]
	¿Cuándo pensé, señora, mereceros
	ni llegar a más bien que desearos?
DIANA	No acierto, aunque lo intento, a responderos.
	¿Yo he enviado a llamaros o es burlaros?
RICARDO	Fabio, ¿qué es esto?
2100 FABIO	¿Pude yo traeros
	sin ocasión agora, ni llamaros
	menos que de Teodoro prevenido?
DIANA	Señor Marqués, Teodoro culpa ha sido.
	Oyome anteponer a Federico
2105	vuestra persona, con ser primo hermano
	y caballero generoso y rico,
	y presumió que os daba ya la mano.
	A vuestra señoría le suplico
	perdone aquestos necios.
RICARDO	Fuera en vano
2110	dar a Fabio perdón, si no estuviera
	a donde vuestra imagen le valiera.° protects
	Bésoos los pies por el favor y espero
	que ha de vencer mi amor esta porfía.

Váyase el MARQUÉS.

DIANA	¿Paréceos bien aquesto, majadero?
2115 FABIO	¿Por qué me culpa a mí vuseñoría?
DIANA	Llamad luego a Teodoro. ¡Qué ligero
	este cansado pretensor venía

---

48 **Dadme esos...** "I kneel to kiss your feet, and my delight drives me so mad with joy that simple madness seems insufficient token of my gladness" (Dixon, *The Dog in the Manger* 82).

	cuando me matan celos de Teodoro!	
FABIO	Perdí el caballo y mil escudos de oro.	

Váyase FABIO *y quede la* CONDESA *sola.*

2120	DIANA	¿Qué me quieres amor? ¿Ya no tenía	
		olvidado a Teodoro? ¿Qué me quieres?	
		Pero responderás que tú no eres,	
		sino tu sombra, que detrás venía.	
		¡Oh, celos!, ¿qué no hará vuestra porfía?	
2125		Malos letrados° sois con las mujeres,	advocates
		pues jamás os pidieron pareceres°	legal opinions
		que pudiese el honor guardarse un día.	
		Yo quiero a un hombre bien, mas se me acuerda	
		que yo soy mar, y que es humilde barco,	
2130		y que es contra razón que el mar se pierda.	
		En gran peligro, amor, el alma embarco,°	embark
		mas si tanto el honor tira la cuerda,°	bowstring
		por Dios que temo que se rompa el arco.°	bow

Salen TEODORO *y* FABIO.

	FABIO	Pensó matarme el Marqués,
2135		pero, la verdad diciendo,
		más sentí los mil escudos.
	TEODORO	Yo quiero darte un consejo.
	FABIO	¿Cómo?
	TEODORO	El conde Federico
		estaba perdiendo el seso
2140		porque el Marqués se casaba.
		Parte y di que el casamiento
		se ha deshecho, y te dará
		esos mil escudos luego.
	FABIO	Voy como un rayo.
	TEODORO	Camina.
		[*A* DIANA.] ¿Llamábasme?
2145	DIANA	Bien ha hecho
		ese necio en irse agora.

TEODORO	Un hora he estado leyendo
	tu papel y, bien mirado,
	señora, tu pensamiento,
	hallo que mi cobardía°
	procede de tu respeto,
	pero que ya soy culpado
	en tenerle, como necio,
	a tus muchas diligencias,
	y así, a decir me resuelvo
	que te quiero, y que es disculpa
	que con respeto te quiero.
	Temblando estoy, no te espantes.
DIANA	Teodoro, yo te lo creo.
	¿Por qué no me has de querer
	si soy tu señora y tengo
	tu voluntad obligada,
	pues te estimo y favorezco
	más que a los otros criados?
TEODORO	Ese lenguaje no entiendo.
DIANA	No hay más que entender, Teodoro,
	ni pasar el pensamiento
	un átomo desta raya.
	Enfrena° cualquier deseo,
	que de una mujer, Teodoro,
	tan principal, y más siendo
	tus méritos tan humildes,
	basta un favor muy pequeño
	para que toda la vida
	vivas honrado y contento.
TEODORO	Cierto que vuseñoría
	perdóneme si me atrevo,
	tiene en el juicio a veces,
	que no en el entendimiento,
	mil lúcidos intervalos.
	¿Para qué puede ser bueno
	haberme dado esperanzas
	que en tal estado me han puesto?
	Pues del peso de mis dichas

2150   cowardice

2170   restrain

2185		caí, como sabe, enfermo
		casi un mes en una cama
		luego que tratamos desto.
		Si cuando ve que me enfrío
		se abrasa de vivo fuego,
2190		y cuando ve que me abraso
		se hiela de puro hielo,
		dejárame con Marcela.
		Mas viénele bien el cuento
		del perro del hortelano:[49]
2195		no quiere, abrasada en celos,
		que me case con Marcela
		y, en viendo que no la quiero,
		vuelve a quitarme el juicio
		y a despertarme si duermo.
2200		Pues coma o deje comer,
		porque yo no me sustento
		de esperanzas tan cansadas,
		que si no, desde aquí vuelvo
		a querer donde me quieren.
2205	DIANA	Eso no, Teodoro, advierto
		que Marcela no ha de ser.
		En otro cualquier sujeto
		pon los ojos, que en Marcela
		no hay remedio.
	TEODORO	¿No hay remedio?
2210		Pues ¿quiere vuseñoría
		que si me quiere y la quiero
		han de aprobar voluntades?
		¿Tengo yo de tener puesto
		a donde no tengo gusto
2215		mi gusto por el ajeno?
		Yo adoro a Marcela, y ella
		me adora, y es muy honesto

---

49   **El perro del hortelano, que ni come ni deja comer** is a proverb based on Aesop's fable of the dog in the manger, upon which the play's title is based. It refers to those who prevent others from having something for which they themselves have no use.

este amor.

DIANA	¡Pícaro infame!
	¡Haré yo que os maten luego!
TEODORO	¿Qué hace vuseñoría?
DIANA	Daros por sucio y grosero
	estos bofetones.⁵⁰

Salen FABIO *y el* CONDE FEDERICO.

FABIO	Tente.
FEDERICO	Bien dices, Fabio, no entremos.
	Pero mejor es llegar.
	Señora mía, ¿qué es esto?
DIANA	No es nada; enojos que pasan
	entre criados y dueños.
FEDERICO	¿Quiere vuestra señoría
	alguna cosa?
DIANA	No quiero
	más de hablaros en las mías.⁵¹
FEDERICO	Quisiera venir a tiempo
	que os hallara con más gusto.
DIANA	Gusto, Federico, tengo,
	que aquestas son niñerías.
	Entrad y sabréis mi intento
	en lo que toca al Marqués.

Váyase DIANA.

FEDERICO	Fabio.
FABIO	¿Señor?
FEDERICO	Yo sospecho
	que en estos disgustos hay
	algunos gustos secretos.
FABIO	No sé, por Dios; admirado
	de ver, señor Conde, quedo
	tratar tan mal a Teodoro,

---

50   Diana slaps Teodoro across the face.

51   **No quiero...** *I only want to speak to you of private matters*

		cosa que jamás ha hecho	
		la Condesa, mi señora.	
2245	FEDERICO	Bañole de sangre el lienzo.°	handkerchief

Váyanse FEDERICO *y* FABIO.

	TEODORO	Si aquesto no es amor, ¿qué nombre quieres,	
		amor, que tengan desatinos tales?	
		Si así quieren mujeres principales,	
		furias⁵² las llamo yo, que no mujeres.	
2250		Si la grandeza escusa° los placeres	exempts
		que iguales pueden ser en desiguales,	
		¿por qué, enemiga, de crueldad te vales	
		y por matar a quien adoras mueres?	
		¡Oh mano poderosa de matarme!	
2255		¡Quién te besara entonces, mano hermosa,	
		agradecido al dulce castigarme!	
		No te esperaba yo tan rigurosa,	
		pero si me castigas por tocarme,	
		tú sola hallaste gusto en ser celosa.	

Sale TRISTÁN.

2260	TRISTÁN	Siempre tengo de venir	
		acabados los sucesos.	
		Parezco espada cobarde.	
	TEODORO	¡Ay, Tristán!	
	TRISTÁN	Señor, ¿qué es esto?	
		¿Sangre en el lienzo?	
	TEODORO	Con sangre	
2265		quiere amor que de los celos	
		entre la letra.	
	TRISTÁN	Por Dios	
		que han sido celos muy necios.	
	TEODORO	No te espantes, que está loca	
		de un amoroso deseo,	

---

52   The Furies were Greek goddesses of vengeance, associated with anger.

2270   y como el ejecutarle
tiene su honor por desprecio,
quiere deshacer mi rostro,
porque es mi rostro el espejo
adonde mira su honor,
2275   y véngase en verle feo.

TRISTÁN   Señor, que Juana o Lucía
cierren conmigo por celos
y me rompan con las uñas
el cuello° que ellas me dieron,   collar
2280   que me repelen° y arañen°   pull my hair out,
sobre averiguar por cierto   scratch
que les hice un peso falso,[53]
vaya: es gente de pandero,
de media de cordellate
2285   y de zapato frailesco,[54]
pero que tan gran señora
se pierda tanto el respeto
a sí misma es vil° acción.   base

TEODORO   No sé, Tristán; pierdo el seso
2290   de ver que me está adorando
y que me aborrece luego.
No quiere que sea suyo
ni de Marcela, y si dejo
de mirarla, luego busca
2295   para hablarme algún enredo.
No dudes; naturalmente,
es del hortelano el perro:
ni come ni comer deja,
ni está fuera ni está dentro.

TRISTÁN   Contáronme que un doctor,
2300   catredático° y maestro,   = catedrático
tenía un ama y un mozo
que siempre andaban riñendo;
reñían a la comida,

---

53   Dixon translates **hacer un peso falso** as "to play fast and loose"
(*The Dog in the Manger* 87).
54   **gente de...** *poor rustics in woolen socks and cheap shoes*

2305   a la cena y hasta el sueño
le quitaban con sus voces,
que estudiar no había remedio.
Estando en lición un día,
fuele forzoso corriendo
2310   volver a casa y, entrando
'de improviso° en su aposento,   *unexpectedly*
vio el ama y mozo acostados
con amorosos requiebros,
y dijo: «¡Gracias a Dios
2315   que una vez en paz os veo!»
y esto imagino de entrambos,
aunque siempre andáis riñendo.

Sale la CONDESA.

DIANA	Teodoro.
TEODORO	¿Señora?
TRISTÁN	[*Aparte.*] (¿Es duende°

ghost

esta mujer?)

DIANA	Solo vengo

2320   a saber cómo te hallas.

TEODORO	¿Ya no lo ves?
DIANA	¿Estás bueno?
TEODORO	Bueno estoy.
DIANA	¿Y no dirás:

        «'A tu servicio°»?   *at your service*

TEODORO	No puedo

estar mucho en tu servicio
2325   siendo tal el tratamiento.

DIANA	¡Qué poco sabes!
TEODORO	Tan poco

que te siento y no te entiendo,
pues no entiendo tus palabras
y tus bofetones siento.
2330   Si no te quiero, te enfadas,
y enójaste si te quiero;
escríbesme si me olvido,

	y si me acuerdo, te ofendo;
	pretendes que yo te entienda,
2335	y si te entiendo, soy necio.
	Mátame o dame la vida:
	da un medio a tantos extremos.
DIANA	¿Hícete sangre?
TEODORO	Pues no.
DIANA	¿Adónde tienes el lienzo?
TEODORO	Aquí.
DIANA	Muestra.
2340 TEODORO	¿Para qué?
DIANA	Para mí esta sangre quiero.
	Habla a Otavio, a quien agora
	mandé que te diese luego
	dos mil escudos, Teodoro.
TEODORO	¿Para qué?
2345 DIANA	Para hacer lienzos.

Váyase la CONDESA.

TEODORO	¿Hay disparates iguales?
TRISTÁN	¿Qué encantamentos° son estos?
TEODORO	Dos mil escudos me ha dado.
TRISTÁN	Bien puedes tomar al precio
2350	otros cuatro bofetones.
TEODORO	Dice que son para lienzos
	y llevó el mío con sangre.
TRISTÁN	Pagó la sangre y te ha hecho
	doncella por las narices.⁵⁵
2355 TEODORO	No anda mal agora el perro,
	pues después que muerde halaga.°
TRISTÁN	Todos aquestos estremos
	han de parar en el ama
	del doctor.
TEODORO	¡Quiéralo el cielo!

enchanted spells

shows affection

---

55   Tristán jokes that by striking Teodoro and making his nose bleed, Diana both deflowered him and paid him through the nose.

Acto III

Salen FEDERICO *y* RICARDO.

RICARDO	¿Esto vistes?	
FEDERICO	Esto vi.	
RICARDO	¿Y que le dio bofetones?	
FEDERICO	El servir tiene ocasiones,°	dangers
	mas no lo son para mí,	
	que el poner una mujer	
	'de aquellas prendas° la mano	in her position
	al rostro de un hombre es llano°	obvious
	¿qué otra ocasión puede haber?	
	Y bien veis que lo acredita	
	el andar tan mejorado.[1]	
RICARDO	Ella es mujer, y él criado.	
FEDERICO	Su perdición solicita	
	la fábula que pintó	
	el filósofo moral	
	de las dos ollas.° ¡Qué igual	pots
	hoy a los dos la vistió!	
	Era de barro° la una,	clay
	la otra de cobre° o hierro,°	copper, iron
	que un río a los pies de un cerro°	hill
	llevó con varia fortuna;	
	desviose la de barro	
	de la de cobre, temiendo	
	que la quebrase, y yo entiendo	
	pensamiento tan bizarro	
	del hombre y de la mujer,	
	hierro y barro; y no me espanto,	

2360
2365
2370
2375
2380
2385

---

1   **Y bien veis…** *it is clear that he is better off now*

	pues acercándose tanto	
	por fuerza se han de romper.²	
RICARDO	La altivez° y bizarría°	pride, spirit
	de Diana me admiró,	
	y bien puede ser que yo	
	viese y no viese aquel día.	
	Mas ver caballos y pajes	
	en Teodoro, y tantas galas,°	fancy clothes
	¿qué son, sino nuevas alas?	
	Pues criados, oro y trajes	
	no los tuviera Teodoro	
	sin ocasión tan notable.	
FEDERICO	Antes que desto se hable	
	en Nápoles y el decoro	
	de vuestra sangre se ofenda,	
	sea o no sea verdad,	
	ha de morir.³	
RICARDO	Y es piedad	
	matarle, aunque ella lo entienda.°	finds out
FEDERICO	¿Podrá ser?	
RICARDO	Bien puede ser,	
	que hay en Nápoles quien vive	
	de eso, y en oro recibe	
	lo que en sangre ha de volver.⁴	
	No hay más de buscar un bravo°	hit man
	y que 'le despache° luego.	get rid of him
FEDERICO	Por la brevedad os ruego.	
RICARDO	Hoy tendrá su justo pago	
	semejante atrevimiento.	
FEDERICO	¿Son bravos estos?	
RICARDO	Sin duda.	
FEDERICO	El cielo ofendido ayuda	

2390 (2390)
2395 (2395)
2400 (2400)
2405 (2405)
2410 (2410)

---

2   According to Dixon, in this passage Lope alludes to a fable by Æsop in which two pots, one of copper and one of clay, are swept downriver. The clay pot feared that contact with the copper pot would break it, meaning that contact with the countess Diana could be dangerous for her secretary (*El perro* 209).

3   **Sea o...** *whether or not it is true, he must die*

4   **Y en...** *and they trade blood for gold*

2415   vuestro justo pensamiento.

                        Salen FURIO, ANTONELO *y* LIRANO, *lacayos,*
                            y TRISTÁN, *vestido de nuevo.*°   wearing new clothes

FURIO   Pagar tenéis el vino 'en alboroque°   in gratitude for
                del famoso vestido que os han dado.
ANTONELO   Eso bien sabe el buen Tristán que es justo.
TRISTÁN   Digo, señores, que de hacerlo gusto.°   I'm pleased
LIRANO   ¡Bravo° salió el vestido!   showy
2420 TRISTÁN   Todo aquesto
                es cosa de chacota° y zarandajas°   joking, trifles
                respeto del lugar que tendré presto:
                si no muda los bolos la Fortuna,
                secretario he de ser del secretario.⁵
2425 LIRANO   Mucha merced le hace la Condesa
                a vuestro amo, Tristán.
TRISTÁN   Es su privanza,°   confidante
                es su mano derecha y es la puerta
                por donde se entra a su favor.
ANTONELO   Dejemos
                favores y fortunas, y bebamos.
2430 FURIO   En este tabernáculo° sospecho   = taberna
                que hay 'lágrima famosa y malvasía.°   wines
TRISTÁN   Probemos vino greco,° que deseo   = griego
                hablar en griego y con beberlo basta.
RICARDO   Aquel moreno° del 'color quebrado°   dark-haired, pale
2435   me parece el más bravo,° pues que todos   fierce
                le estiman, hablan y hacen cortesía.
                Celio.
CELIO   ¿Señor?
RICARDO   De aquellos gentiles hombres
                llama al descolorido.°   pale one
CELIO   [*A* TRISTÁN.] ¡Ah, caballero!
                Antes que se entre en esa santa ermita°   tavern
2440   el Marqués, mi señor, hablarle quiere.

5   **si no...** *as long as Fortune goes my way I'll be the secretary's*
secretary

TRISTÁN	Camaradas, allí me llama un príncipe;
	no puedo rehusar el ver qué manda.
	Entren y tomen siete o ocho azumbres°
	y aperciban dos dedos de formache°
	en tanto que me informo de su gusto.

two liters

Ital. **formaggio**,

cheese

ANTONELO	Pues despachad aprisa.
TRISTÁN	Iré volando.
	[*Al MARQUÉS.*] ¿Qué es lo que manda
	vuestra señoría?
RICARDO	El veros entre tanta valentía°

brave men

	nos ha obligado al conde Federico
	y a mí para saber si seréis hombre
	para matar un hombre.
TRISTÁN	[*Aparte.*] (¡Vive el cielo
	que son los pretendientes de mi ama
	y que hay algún enredo!° Fingir quiero.)

intrigue

FEDERICO	¿No respondéis?
TRISTÁN	Estaba imaginando
	si vuestra señoría está burlando
	de nuestro modo de vivir. ¡Pues vive
	el que reparte fuerzas a los hombres,
	que no hay en toda Nápoles espada
	que no tiemble de sólo el nombre mío!
	¿No conocéis a Héctor?[6] Pues no hay Héctor
	a donde está mi furibundo° brazo,

furious

	que si él lo fue de Troya, yo de Italia.
FEDERICO	Este es, Marqués, el hombre que buscamos.
	Por vida de los dos que no burlamos,
	sino que si tenéis conforme al nombre
	el ánimo° y queréis matar un hombre,

courage

	que os demos el dinero que quisiéredes.°

= **quisierais**

TRISTÁN	Con docientos° escudos me contento,

= **doscientos**

	y sea el diablo.
RICARDO	Yo os daré trecientos,°

= **trescientos**

	y despachalde° aquesta noche.

get rid of him

TRISTÁN	El nombre
	del hombre espero, y parte del dinero.

---

6   Hector was the greatest hero of the Trojan war.

RICARDO	¿Conocéis a Diana, la condesa de Belflor?
TRISTÁN	Y en su casa tengo amigos.
RICARDO	¿Mataréis un criado de su casa?

2475 TRISTÁN   Mataré los criados y criadas
y los mismos frisones° de su coche.   *large carriage horses*

RICARDO   Pues a Teodoro habéis de dar la muerte.

TRISTÁN   Eso ha de ser, señores, de otra suerte,
porque Teodoro, como yo he sabido,
2480   no sale ya de noche, temeroso,
por ventura, de haberos ofendido;
que le sirva estos días me han pedido.
Dejádmele servir, y yo os ofrezco
de darle alguna noche dos mojadas°   *stabs*
2485   con que el pobrete '*in pace requiescat*°   *will rest in peace*
y yo quede seguro y sin sospecha.
'¿Es algo lo que digo?°   *Agreed?*

FEDERICO   No pudiera
hallarse en toda Nápoles un hombre
que tan seguramente le matara.
2490   Servilde pues y, así, al descuido un día
pegalde, y acudid° a nuestra casa.   *come*

TRISTÁN   Yo he menester agora cien escudos.

RICARDO   Cincuenta tengo en esta bolsa; luego
que yo os vea en su casa de Diana,
2495   os ofrezco los ciento, y muchos cientos.

TRISTÁN   Eso de muchos cientos no me agrada.[7]
Vayan vuseñorías en buen hora,
que me aguardan Mastranzo, Rompemuros,
Mano de Hierro, Arfuz y Espantadiablos,[8]
2500   y no quiero que acaso piensen algo.

RICARDO   Decís muy bien, adiós.

FEDERICO   ¡Qué gran ventura!

RICARDO   A Teodoro contalde por difunto.

---

7   Tristán jokes by referring to the whipping of criminals, a punishment commonly meted out in hundreds of lashes.

8   Mastranzo, Rompemuros, Mano de Hierro, Arfuz and Espantadiablos are nicknames for criminals.

FEDERICO El bellacón, ¡qué bravo talle tiene!

Váyanse FEDERICO, RICARDO *y* CELIO.

TRISTÁN Avisar a Teodoro me conviene;
2505   perdone el vino greco y los amigos.
A casa voy, que está de aquí muy lejos.
Mas este me parece que es Teodoro.

Sale TEODORO.

Señor ¿adónde vas?

TEODORO   Lo mismo ignoro,
porque de suerte estoy, Tristán amigo,
2510   que no sé dónde voy ni quién me lleva.
Solo y sin alma, el pensamiento sigo,
que al sol me dice que la vista atreva.°   dare to lift
¿Ves cuánto ayer Diana habló conmigo?
Pues hoy de aquel amor se halló tan nueva
2515   que apenas juraras que me conoce,
porque Marcela de mi mal se goce.

TRISTÁN Vuelve hacia casa, que a los dos importa
que no nos vean juntos.

TEODORO   ¿De qué suerte?

TRISTÁN Por el camino te diré 'quién corta
2520   los pasos dirigidos a° tu muerte.   who is planning

TEODORO ¿Mi muerte? Pues ¿por qué?

TRISTÁN   'La voz reporta°   lower your voice
y la ocasión de tu remedio advierte:
Ricardo y Federico me han hablado
y que te dé la muerte concertado.

TEODORO ¿Ellos a mí?

2525 TRISTÁN   Por ciertos bofetones
el amor de 'tu dueño° conjeturan,°   your master (Diana),
y pensando que soy de los leones°   suspect; ruffians
que a tales homicidios se aventuran,
tu vida me han trocado° a cien doblones   exchanged
2530   y con cincuenta escudos me aseguran.°   sealed the deal

> Yo dije que un amigo me pedía
> que te sirviese, y que hoy te serviría
> donde más fácilmente te matase,
> a efeto de guardarte desta suerte.

2535   TEODORO   ¡Pluguiera a Dios que alguno me quitase
> la vida y me sacase desta muerte!⁹

TRISTÁN   ¿Tan loco estás?

TEODORO   ¿No quieres que me abrase
> por tan dulce ocasión, Tristán? Advierte
> que si Diana algún camino hallara

2540   de disculpa, conmigo se casara.
> Teme su honor, y cuando más se abrasa
> se hiela y me desprecia.

TRISTÁN   Si te diese
> remedio,° ¿qué dirás?   *solution*

TEODORO   Que a ti se pasa
> de Ulises el espíritu.

TRISTÁN   Si fuese

2545   tan ingenioso que a tu misma casa
> un generoso padre te trajese
> con que fueses igual a la Condesa,
> ¿no saldrías, señor, con esta empresa?

TEODORO   Eso es sin duda.

TRISTÁN   El conde Ludovico,

2550   caballero ya viejo, habrá veinte años
> que enviaba a Malta un hijo de tu nombre,
> que era sobrino de su gran maestre¹⁰;
> cautiváronle moros de Biserta°   *Tunisian city*
> y nunca supo dél muerto ni vivo.

2555   Este ha de ser tu padre y tú su hijo,
> y yo lo he de trazar.°   *arrange*

TEODORO   Tristán, advierte
> que puedes levantar alguna cosa

---

9   **¡Pluguiera a...** *I wish to God that somebody would take my life and remove me from this death.* His death refers to Teodoro's lovesick suffering.

10   **Maestre** was a master or leader of a military order. These were powerful military brotherhoods founded during the twelfth century to fight against the Moors.

	que nos cueste a los dos la honra y vida.	
TRISTÁN	A casa hemos llegado. A Dios te queda,	
2560	que tú serás marido de Diana	
	antes que den las doce de mañana.	

Váyase TRISTÁN.

TEODORO	Bien al contrario pienso yo dar medio°	remedy
	a tanto mal, pues el amor bien sabe	
	que no tiene enemigo que le acabe	
2565	con más facilidad que 'tierra en medio.°	distance

'Tierra quiero poner, pues que remedio
con ausentarme, amor, rigor tan grave,
pues no hay rayo tan fuerte que se alabe
que entró en la tierra, de tu ardor remedio.[11]
2570   Todos los que llegaron a este punto,
poniendo tierra en medio te olvidaron,
que en tierra, al fin, le resolvieron junto.
Y la razón que de olvidar hallaron
es que amor se confiesa por difunto,
2575   pues que con tierra en medio le enterraron.

Sale la CONDESA.

DIANA	¿Estás ya más mejorado
	de tus tristezas, Teodoro?
TEODORO	Si en mis tristezas adoro,
	sabré estimar mi cuidado.
2580	No quiero yo mejorar
	de la enfermedad que tengo,
	pues solo a estar triste vengo
	cuando imagino sanar.
	¡Bien hayan males que son

---

11   Dixon translates this complex idea as follows: "If I put earth between us—go away—I too may cool the ardour of desire, for flaming thunderbolts can never say they pierce the earth; the earth contains their fire" (*The Dog in the Manger* 94). The general idea behind this sonnet is that distance is the best cure for love.

2585

tan dulces para sufrir,[12]
que se ve un hombre morir,
y estima su perdición!
Solo me pesa que ya
esté mi mal en estado,

2590

que he de alejar mi cuidado
de donde su dueño está.

DIANA   ¿Ausentarte? Pues ¿por qué?

TEODORO   Quiérenme matar.

DIANA   Sí harán.

TEODORO   Envidia a mi mal tendrán,

2595

que bien al principio fue.
Con esta ocasión te pido
licencia para irme a España.

DIANA   Será generosa hazaña°   deed
de un hombre tan entendido,

2600

que con eso quitarás
la ocasión de tus enojos
y, aunque des agua a mis ojos,
honra a mi casa darás,
que desde aquel bofetón

2605

Federico me ha tratado
como celoso, y me ha dado
para dejarte ocasión.
Vete a España, que yo haré
que te den seis mil escudos.

2610

TEODORO   Haré tus contrarios mudos
con mi ausencia.[13] Dame el pie.

DIANA   Anda, Teodoro, no más.
Déjame, que soy mujer.

TEODORO   Llora, mas ¿qué puedo hacer?

2615

DIANA   En fin, Teodoro, ¿te vas?

TEODORO   Sí, señora.

DIANA   Espera... Vete...
Oye...

TEODORO   ¿Qué mandas?

---

12   **¡Bien hayan...** *blessed he whose suffering is so sweet!*

13   **Haré tus...** *my absence will silence your enemies*

DIANA	No, nada.
	Vete.
TEODORO	Voyme.
DIANA	Estoy turbada.

¿Hay tormento que inquiete
como una pasión de amor?
¿No eres ido?

TEODORO	Ya, señora,
	me voy.
DIANA	¡Buena quedo agora!

Vase TEODORO.

¡Maldígate Dios, honor!
Temeraria° invención fuiste,   reckless
tan opuesta al propio gusto.
¿Quién te inventó? Mas fue justo,
pues que tu freno resiste
tantas cosas tan mal hechas.

Sale TEODORO.

TEODORO	Vuelvo a saber si hoy podré
	partirme.
DIANA	Ni yo lo sé

ni tú, Teodoro, sospechas
que me pesa de mirarte,
pues que te vuelves aquí.

| TEODORO | Señora, vuelvo por mí, |

que no estoy en otra parte,
y como me he de llevar,
vengo para que me des
a mí mismo.

| DIANA | Si despúes |

te has de volver a buscar,
no me pidas que te dé.
Pero vete, que el amor
lucha con mi noble honor

y vienes tú a ser traspié.°   stumble
Vete, Teodoro, de aquí,
2645   no te pidas, aunque puedas,
que yo sé que si te quedas
allá me llevas a mí.

TEODORO   Quede vuestra señoría
con Dios.

DIANA   ¡Maldita ella° sea,   = señoría *her rank*
2650   pues me quita que yo sea
de quien el alma quería!

Váyase TEODORO.

¡Buena quedo ya sin quien
era luz de aquestos ojos!
Pero sientan sus enojos:
2655   quien mira mal, llore bien.
Ojos, pues os habéis puesto
en cosa tan desigual,
pagad el mirar tan mal,
que no soy la culpa desto;
2660   mas no lloren, que también
tiempla el mal llorar los ojos,
pero sientan sus enojos:
quien mira mal, llore bien.
Aunque tendrán ya pensada
2665   la disculpa para todo,
que el sol los pone en el lodo°   mud
y no se le pega nada,
luego bien es que no den
en llorar; cesad, mis ojos,
2670   pero sientan sus enojos:
quien mira mal, llore bien.

Sale MARCELA.

MARCELA   Si puede la confianza
de los años de servirte

		humildemente pedirte
2675		lo que justamente alcanza,
		a la mano te ha venido
		la ocasión de mi remedio
		y, poniendo tierra en medio,
		no verme si te he ofendido.
2680	DIANA	¿De tu remedio, Marcela?
		Cuál ocasión? Que aquí estoy.
	MARCELA	Dicen que se parte hoy,
		por peligros que recela,
		Teodoro a España, y con él
2685		puedes, casada, enviarme,
		pues no verme es remediarme.
	DIANA	¿Sabes tú que querrá él?
	MARCELA	Pues ¿pidiérate yo a ti
		sin tener satisfación
2690		remedio en esta ocasión?
	DIANA	¿Hasle hablado?
	MARCELA	Y él a mí,
		pidiéndome lo que digo.
	DIANA	[*Aparte.*] (¡Qué a propósito me viene
		esta desdicha!)
	MARCELA	Ya tiene
2695		tratado aquesto conmigo
		y el modo con que podemos
		ir con más comodidad.
	DIANA	[*Aparte.*] (¡Ay, necio honor!, perdonad,
		que amor quiere hacer estremos.
2700		Pero no será razón,
		pues que podéis remediar
		fácilmente este pesar.)
	MARCELA	¿No tomas resolución?
	DIANA	No podré vivir sin ti,
2705		Marcela, y haces agravio
		a mi amor, y aun al de Fabio,
		que sé yo que adora en ti.
		Yo te casaré con él;
		deja partir a Teodoro.

2710	MARCELA	A Fabio aborrezco; adoro
		a Teodoro.
	DIANA	[*Aparte.*] (¡Qué cruel
		ocasión de declararme!
		Mas teneos, loco amor.)
		Fabio te estará mejor.
	MARCELA	Señora...
2715	DIANA	No hay replicarme.

Váyase DIANA.

MARCELA   ¿Qué intentan imposibles mis sentidos
contra tanto poder determinados?
Que celos poderosos declarados
harán un desatino resistidos.
2720   Volved, volved atrás, pasos perdidos,
que corréis a mi fin precipitados.
Árboles son amores desdichados
a quien el hielo marchitó floridos.
Alegraron el alma las colores
2725   que el tirano dolor cubrió de luto,°   mourning
que hiela ajeno amor muchos amores,
y cuando de esperar daba tributo,
¿qué importa la hermosura de las flores,
si se perdieron esperando el fruto?

Salen el CONDE LUDOVICO, *viejo, y* CAMILO.

2730	CAMILO	Para tener sucesión
		no te queda otro remedio.
	LUDOVICO	Hay muchos años en medio
		que mis enemigos son,
		y aunque tiene esa disculpa
2735		el casarse en la vejez,
		quiere el temor ser juez
		y ha de averiguar la culpa.
		Y podría suceder
		que sucesión° no alcanzase heir

2740　y casado me quedase;
　　　y en un viejo una mujer
　　　es en un olmo° una yedra,°　　　　　　elm, ivy
　　　que aunque con tan varios lazos
　　　la cubre de sus abrazos,
2745　él se seca y ella medra.°　　　　　　　thrives
　　　Y tratarme casamientos
　　　es traerme a la memoria,
　　　Camilo, mi antigua historia
　　　y renovar mis tormentos.
2750　Esperando cada día
　　　con engaños a Teodoro,
　　　veinte años ha que le lloro.

Sale un PAJE

PAJE　　　Aquí a vuestra señoría
　　　　　busca un griego mercader.°　　　　merchant

Salen TRISTÁN, '*vestido de armenio*°
con un turbante,° *graciosamente, y* FURIO *con otro.*　　dressed as Arme-
　　　　　　　　　　　　　　　　　　　　　nians; turban

LUDOVICO　Di que entre.
2755　TRISTÁN　Dadme esas manos
　　　　　y los cielos soberanos,
　　　　　con su divino poder,
　　　　　os den el mayor consuelo
　　　　　que esperáis.
LUDOVICO　　　　　Bien seáis venido,
2760　mas ¿qué causa os ha traído
　　　　　por este remoto suelo?
TRISTÁN　De Constantinopla vine
　　　　　a Chipre, y della a Venecia,
　　　　　con una nave° cargada　　　　　　ship
2765　de ricas telas de Persia.
　　　　　Acordeme de una historia
　　　　　que algunos pasos me cuesta,
　　　　　y con deseo de ver

a Nápoles, ciudad bella,
2770   mientras allá mis criados
van despachando las telas,
vine, como veis, aquí,
donde mis ojos confiesan
su grandeza y hermosura.

2775   LUDOVICO   ¿Tiene hermosura y grandeza
Nápoles?

TRISTÁN   Así es verdad.
Mi padre, señor, en Grecia
fue mercader, y en su trato
el de más ganancia era
2780   comprar y vender esclavos,
y ansí en la feria de Azteclias°   pseudo-Greek name
compró un niño, el más hermoso
que vio la naturaleza,
por testigo del poder
2785   que le dio el cielo en la tierra.
Vendíanle algunos turcos
entre otra gente bien puesta
a unas galeras de Malta,
que las de un bajá° turquescas   pasha
2790   prendió en la Chafalonia.°   Greek island

LUDOVICO   Camilo, el alma me altera.
TRISTÁN   Aficionado al rapaz,°   youngster
comprole y llevole a Armenia,
donde se crio conmigo
y una hermana.

2795   LUDOVICO   Amigo, espera,
espera, que me traspasas
las entrañas.

TRISTÁN   [*Aparte.*]   (¡Qué bien entra!)
LUDOVICO   ¿Dijo cómo se llamaba?
TRISTÁN   Teodoro.
LUDOVICO   ¡Ay cielo, qué fuerza
2800   tiene la verdad! De oírte
lágrimas mis canas riegan.

TRISTÁN   Serpalitonia,[14] mi hermana,
y este mozo (nunca fuera
tan bello), con la ocasión
de la crianza que engendra
el amor que todos saben,
se amaron desde la tierna
edad, y a deciséis años,
de mi padre en cierta ausencia,
ejecutaron su amor,
y creció de suerte en ella
que se le echaba de ver,
con cuyo temor se ausenta
Teodoro y, para parir,°   give birth
a Serpalitonia deja.
Catiborrato, mi padre,
no sintió tanto la ofensa
como el dejarle Teodoro.
Murió, en efeto, de pena
y bautizamos su hijo,
que aquella parte de Armenia
tiene vuestra misma ley,
aunque es diferente iglesia.
Llamamos al bello niño
Terimaconio, que queda
un bello rapaz agora
en la ciudad de Tepecas.
Andando en Nápoles yo
mirando cosas diversas,
saqué un papel en que traje
deste Teodoro las señas
y, preguntando por él,
me dijo una esclava griega
que en mi posada servía:

2805
2810
2815
2820
2825
2830

---

14   In this scene Tristán ingeniously invents a series of comical Greek-sounding names (Serpalitonia, Catiborrato, Terimaconio, Tepecas, Mercaponios). At times they are suggestive, for example, the illegitimate son of Serpalitonia and Teodoro was born in the city of Tepecas ("you sin").

2835   «¿'Cosa que° ese mozo sea   what if
        el del conde Ludovico?»
        Diome el alma una luz nueva,
        y doy en que os he de hablar,
        y por entrar en la vuestra,
2840   entro, según me dijeron,
        en casa de la condesa
        de Belflor, y al primer hombre
        que pregunto...

LUDOVICO   Ya me tiembla
        el alma.

TRISTÁN   ... veo a Teodoro.
LUDOVICO   ¿A Teodoro?
2845 TRISTÁN   Él bien quisiera
        huirse, pero no pudo.
        Dudé un poco, y era fuerza,
        porque el estar ya barbado
        tiene alguna diferencia.
2850   Fui tras él, asile en fin,
        hablome, aunque con vergüenza,
        y dijo que no dijese
        a nadie en casa quién era,
        porque el haber sido esclavo
2855   no diese alguna sospecha.
        Díjele: «Si yo he sabido
        que eres hijo en esta tierra
        de un título, ¿por qué tienes
        virtud por bajeza?»
2860   Hizo gran burla de mí
        y yo, por ver si concuerda
        tu historia con la que digo,
        vine a verte, y a que tengas,
        si es verdad que este es tu hijo,
2865   con tu nieto 'alguna cuenta°   some consideration
        o permitas que mi hermana
        con él a Nápoles venga,
        no para tratar casarse,
        aunque le sobra nobleza,

2870

        mas porque Terimaconio
        tan ilustre abuelo vea.
  LUDOVICO Dame mil veces tus brazos,
        que el alma con sus potencias
        que es verdadera tu historia

2875   en su regocijo° muestran.   delight
        ¡Ay, hijo del alma mía,
        tras tantos años de ausencia
        hallado para mi bien!
        Camilo, ¿qué me aconsejas?

2880   ¿Iré a verle y conocerle?
  CAMILO ¿Eso dudas? ¡Parte, vuela,
        y añade vida en sus brazos
        a los años de tus penas!
  LUDOVICO Amigo, si quieres ir

2885   conmigo, será más cierta
        mi dicha; si descansar,
        aquí aguardando te queda
        y dente por tanto bien
        toda mi casa y hacienda,

2890   que no puedo detenerme.
  TRISTÁN Yo dejé, 'puesto que° cerca,   = aunque
        ciertos diamantes que traigo
        y volveré cuando vuelvas.
        Vamos de aquí, Mercaponios.
  FURIO Vamos, señor.

2895 TRISTÁN   Bien se entrecas
        el engañifo.[15]
  FURIO   Muy bonis.
  TRISTÁN Andemis.[16]
  CAMILO   ¡Estraña lengua!
  LUDOVICO Vente, Camilo, tras mí.

     Váyanse el CONDE *y* CAMILO.

---

 15 **Bien se…** *he's really swallowed the bait*
 16 Tristán and Furio continue to humorously transform their
language. **Muy bonis = Muy bien**; **Andemis = Andemos** (**Vámonos**).

TRISTÁN	¿Trasponen?°	have they gone?
FURIO	El viejo vuela	
2900	sin aguardar coche o gente.°	servants
TRISTÁN	¿Cosa que esto verdad sea	
	y que este fuese Teodoro?[17]	
FURIO	Mas si en mentira como esta	
	hubiese alguna verdad...	
2905 TRISTÁN	Estas almalafas° lleva,	Moorish robes
	que me importa desnudarme	
	porque ninguno me vea	
	de los que aquí me conocen.	
FURIO	Desnuda presto.	
TRISTÁN	¡Que pueda	
2910	esto el amor de los hijos!	
FURIO	¿Adónde te aguardo?	
TRISTÁN	Espera,	
	Furio, en la choza del olmo.	
FURIO	Adiós.	
TRISTÁN	¿Qué tesoro llega	

Váyase FURIO.

2915	al ingenio? Aquí debajo	
	traigo la capa revuelta,	
	que como medio sotana°	cassock
	me la puse porque hubiera	
	más lugar en el peligro	
2920	de dejar en una puerta,	
	con el armenio turbante,	
	las 'hopalandas greguescas.°	Greek tunic

Salen RICARDO *y* FEDERICO.

FEDERICO	Digo que es este el matador valiente
	que a Teodoro ha de dar muerte segura.

---

17   Tristan's "What if...?" raises the possibility that Teodoro could perhaps be Ludovico's son, lending certain ambiguity to the play's denouement.

RICARDO	¡Ah, hidalgo!, ¿ansí se cumple entre la gente
2925	que honor profesa y que opinión procura
	lo que se prometió tan fácilmente?
TRISTÁN	Señor...
FEDERICO	¿Somos nosotros por ventura
	de los iguales vuestros?
TRISTÁN	Sin oírme
	no es justo que mi culpa se confirme.
2930	Yo estoy sirviendo al mísero Teodoro,
	que ha de morir por esta mano airada,
	pero puede ofender vuestro decoro
	públicamente ensangrentar mi espada.
	Es la prudencia un celestial tesoro
2935	y fue de los antiguos celebrada
	por única virtud. Estén muy ciertos
	que le pueden contar entre los muertos.
	Estase melancólico de día
	y de noche cerrado en su aposento,
2940	que alguna cuidadosa fantasía
	le debe de ocupar el pensamiento.
	Déjenme a mí, que una mojada fría
	pondrá silencio a su vital aliento,
	y no se precipiten desa suerte,
2945	que yo sé cuándo le he de dar la muerte.
FEDERICO	Paréceme, Marqués, que el hombre acierta.
	Ya que le sirve, ha comenzado el caso.
	No dudéis, matarale.
RICARDO	Cosa es cierta.
	Por muerto le contad.
FEDERICO	Hablemos paso.
2950 TRISTÁN	En tanto que esta muerte se concierta,
	vusiñorías, ¿no tendrán acaso
	cincuenta escudos? Que comprar querría
	un rocín° que volase el mismo día.
RICARDO	Aquí los tengo yo. Tomad seguro
2955	de que, en saliendo con aquesta empresa,
	lo menos es pagaros.
TRISTÁN	Yo aventuro

nag

la vida, que servir buenos profesa.
Con esto, adiós; que no me vean procuro
hablar desde el balcón de la Condesa
con vuestras señorías.

2960	FEDERICO	Sois discreto.
	TRISTÁN	Ya lo verán al tiempo del efeto.
	FEDERICO	¡Bravo es el hombre!
	RICARDO	Astuto y ingenioso.
	FEDERICO	¡Qué bien le ha de matar!
	RICARDO	Notablemente.

Sale CELIO.

	CELIO	¿Hay caso más estraño y fabuloso?
2965	FEDERICO	¿Qué es esto, Celio? ¿Dónde vas? Detente.
	CELIO	Un suceso notable y riguroso
		para los dos. ¿No veis aquella gente
		que entra en casa del conde Ludovico?
	RICARDO	¿Es muerto?
	CELIO	Que me escuches te suplico.
2970		'A darle van el parabién,° contentos congratulate him
		de haber hallado un hijo que ha perdido.
	RICARDO	Pues ¿qué puede ofender nuestros intentos
		que le haya esa ventura sucedido?
	CELIO	¿No importa a los secretos pensamientos
2975		que con Diana habéis los dos tenido
		que sea aquel Teodoro, su criado,
		hijo del Conde?
	FEDERICO	El alma me has turbado.
	RICARDO	¿Hijo del Conde? Pues ¿de qué manera
		se ha venido a saber?
	CELIO	Es larga historia,
2980		y cuéntanla tan varia° que no hubiera differently
		para tomarla tiempo ni memoria.
	FEDERICO	¿A quién mayor desdicha sucediera?
	RICARDO	Trocose en pena mi esperada gloria.
	FEDERICO	Yo quiero ver lo que es.
	RICARDO	Yo, Conde, os sigo.

2985	CELIO	Presto veréis que la verdad os digo.

Váyanse y salgan TEODORO,
de camino, y MARCELA.

	MARCELA	En fin, Teodoro, ¿te vas?
	TEODORO	Tú eres causa desta ausencia,
		que en desigual competencia
		no resulta bien jamás.
2990	MARCELA	Disculpas tan falsas das
		como tu engaño lo ha sido,
		porque haberme aborrecido
		y haber amado a Diana
		lleva tu esperanza vana
2995		sólo a procurar su olvido.
	TEODORO	¿Yo a Diana?
	MARCELA	Niegas tarde,
		Teodoro, el loco deseo
		con que perdido te veo
		de atrevido y de cobarde:
3000		cobarde en que ella se guarde
		el respeto que se debe,
		y atrevido pues se atreve
		tu bajeza a su valor,
		que entre el honor y el amor
3005		hay muchos montes de nieve.
		Vengada quedo de ti,
		aunque quedo enamorada,
		porque olvidaré, vengada,
		que el amor olvida ansí.
3010		Si te acordares de mí,
		imagina que te olvido
		porque me quieras,[18] que ha sido
		siempre, porque suele hacer
		que vuelva un hombre a querer
3015		pensar que es aborrecido.

---

18   **Si te…** *if you were to think of me, imagine that I have forgotten you and then you will want me*

TEODORO	¡Qué de quimeras° tan locas	crazy ideas
	para casarte con Fabio!	
MARCELA	Tú me casas, que al agravio	
	de tu desdén me provocas.	

Sale FABIO.

3020	FABIO	Siendo las horas tan pocas
		que aquí Teodoro ha de estar,
		bien haces, Marcela, en dar
		ese descanso a tus ojos.
	TEODORO	No te den celos enojos
3025		que han de pasar tanto mar.
	FABIO	En fin ¿te vas?
	TEODORO	¿No lo ves?
	FABIO	Mi señora viene a verte.

Salen la CONDESA *y* DOROTEA *y* ANARDA.

	DIANA	¿Ya, Teodoro, desta suerte?
	TEODORO	Alas quisiera en los pies,
3030		cuanto más, señora, espuelas.°	spurs
	DIANA	¡Hola! ¿Está esa ropa a punto?
	ANARDA	Todo está aprestado° y junto.	ready
	FABIO	En fin ¿se va?
	MARCELA	¿Y tú me celas?°	and you're jealous?
	DIANA	Oye aquí aparte.
	TEODORO	Aquí estoy
		a tu servicio.
3035	DIANA	[*Aparte los dos.*] Teodoro,
		tú te partes; yo te adoro.
	TEODORO	Por tus crueldades me voy.
	DIANA	Soy quien sabes, ¿qué he de hacer?
	TEODORO	¿Lloras?
	DIANA	No, que me ha caído
		algo en los ojos.
3040	TEODORO	¿Si ha sido
		amor?

DIANA	Sí debe de ser,
	pero mucho antes cayó
	y agora salir querría.
TEODORO	Yo me voy, señora mía;
	yo me voy, el alma no.
	Sin ella tengo de ir,
	no hago al serviros falta,
	porque hermosura tan alta
	con almas se ha de servir.
	¿Qué me mandáis? Porque yo
	soy vuestro.
DIANA	¡Qué triste día!
TEODORO	Yo me voy, señora mía;
	yo me voy, el alma no.
DIANA	¿Lloras?
TEODORO	No, que me ha caído
	algo, como a ti, en los ojos.
DIANA	Deben de ser mis enojos.
TEODORO	Eso debe de haber sido.
DIANA	Mil niñerías te he dado
	que en un baúl hallarás.
	Perdona, no pude más.
	Si le abrieres, ten cuidado
	de decir, como a despojos° spoils
	de vitoria tan tirana:
	«Aquestos puso Diana
	con lágrimas de sus ojos»

3045

3050

3055

3060

3065

[*Aparte* ANARDA *y* DOROTEA.]

ANARDA	Perdidos los dos están.
DOROTEA	¡Qué mal se encubre el amor!
ANARDA	Quedarse fuera mejor.
	Manos y prendas se dan.
DOROTEA	Diana ha venido a ser
	el perro del hortelano.
ANARDA	Tarde le toma la mano.
DOROTEA	O coma o deje comer.

3070

Salen el CONDE LUDOVICO *y* CAMILO.

LUDOVICO	Bien puede el regocijo dar licencia,
3075	Diana ilustre, a un hombre de mis años
	para entrar desta suerte a visitaros.
DIANA	Señor Conde, ¿qué es esto?
LUDOVICO	¿Pues vos sola
	no sabéis lo que sabe toda Nápoles?
	Que en un instante que llegó la nueva° news
3080	apenas me han dejado por las calles,
	ni he podido llegar a ver mi hijo.
DIANA	¿Qué hijo? Que no te entiendo el regocijo.
LUDOVICO	¿Nunca, vuseñoría, de mi historia
	ha tenido noticia, y que ha veinte años
3085	que enviaba un niño a Malta con su tío,
	y que le cautivaron las galeras
	de Alí Bajá?
DIANA	Sospecho que me han dicho
	ese suceso vuestro.
LUDOVICO	Pues el cielo
	me ha dado a conocer el hijo mío
3090	después de mil fortunas que ha pasado.
DIANA	Con justa causa, Conde, me habéis dado
	tan buena nueva.
LUDOVICO	Vos, señora mía,
	me habéis de dar en cambio de la nueva
	el hijo mío que sirviéndoos vive,
3095	bien descuidado de que soy su padre.
	¡Ay, si viviera su difunta madre!
DIANA	¿Vuestro hijo me sirve? ¿Es Fabio acaso?
LUDOVICO	No, señora, no es Fabio, que es Teodoro.
DIANA	¿Teodoro?
LUDOVICO	Sí, señora.
TEODORO	¿Cómo es esto?
3100	DIANA Habla, Teodoro, si es tu padre el Conde.
LUDOVICO	¿Luego es aqueste?
TEODORO	Señor Conde, advierta
	vuseñoría...

LUDOVICO	No hay qué advertir, hijo, hijo de mis entrañas, sino solo el morir en tus brazos.
DIANA	¡Caso estraño!

3105

ANARDA	¡Ay, señora! ¿Teodoro es caballero tan principal y de tan alto estado?
TEODORO	Señor, yo estoy sin alma de turbado. ¿Hijo soy vuestro?
LUDOVICO	Cuando no tuviera tanta seguridad, el verte fuera

3110

            de todas la mayor. ¡Qué parecido
            a cuando mozo° fui!   *young man*

TEODORO	Los pies te pido y te suplico.
LUDOVICO	No me digas nada, que estoy fuera de mí. ¡Qué gallardía!

            Dios te bendiga. ¡Qué real presencia!

3115

            ¡Qué bien que te escribió naturaleza
            en la cara, Teodoro, la nobleza!
            Vamos de aquí; ven luego, luego toma
            posesión de mi casa y de mi hacienda;
            ven a ver esas puertas coronadas

3120

            de las armas más nobles deste reino.

TEODORO	Señor, yo estaba de partida a España, y así me importa...
LUDOVICO	¿Cómo a España? ¡Bueno! España son mis brazos.
DIANA	Yo os suplico, señor Conde, dejéis aquí a Teodoro

3125

            hasta que 'se reporte° y en buen hábito°   *composes himself,*
            vaya a reconoceros como hijo,   *dress*
            que no quiero que salga de mi casa
            con aqueste alboroto° de la gente.   *uproar*

LUDOVICO	Habláis como quien sois, tan cuerdamente.

3130

            Dejarle siento por un breve instante,
            mas porque más rumor no se levante
            me iré, rogando a vuestra señoría
            que sin mi bien no me anochezca el día.

DIANA	Palabra os doy.
LUDOVICO	Adiós, Teodoro mío.
TEODORO	Mil veces beso vuestros pies.
LUDOVICO	Camilo,

3135

venga la muerte agora.

CAMILO	¡Qué gallardo

mancebo que es Teodoro!

LUDOVICO	Pensar poco

quiero este bien, por no volverme loco.

Váyase el CONDE
y lleguen todos los criados a TEODORO.

FABIO	Danos a todos las manos.
ANARDA	Bien puedes, por gran señor.
DOROTEA	Hacernos debes favor.
MARCELA	Los señores que son llanos°

3140

conquistan las voluntades.
Los brazos nos puedes dar.

DIANA	Apartaos, dadme lugar;

3145

no le digáis necedades.
Deme vuestra señoría
las manos, señor Teodoro.

TEODORO	Agora esos pies adoro

3150

y sois más señora mía.

DIANA	Salíos todos allá.

Dejadme con él un poco.

MARCELA	¿Qué dices, Fabio?
FABIO	Estoy loco.
DOROTEA	¿Qué te parece?
ANARDA	Que ya

3155

mi ama no querrá ser
el perro del hortelano.

DOROTEA	¿Comerá ya?
ANARDA	¿Pues 'no es llano?°
DOROTEA	Pues reviente° de comer.

Váyanse los criados.

unassuming (gloss for *llanos*)

isn't it obvious (gloss for *'no es llano?*)

burst (gloss for *reviente*)

DIANA	¿No te vas a España?
TEODORO	¿Yo?
DIANA	¿No dice vuseñoría:
	«Yo me voy, señora mía;
	yo me voy, el alma no»?
TEODORO	¿Burlas de ver los favores
	de la Fortuna?
DIANA	'Haz estremos.° show some enthus-iasm!
TEODORO	Con igualdad nos tratemos
	como suelen los señores,
	pues todos lo somos ya.
DIANA	Otro me pareces.
TEODORO	Creo
	que estás con menos deseo;
	pena el ser tu igual te da.
	Quisiérasme tu criado,
	porque es costumbre de amor
	querer que sea inferior
	lo amado.
DIANA	Estás engañado,
	porque agora serás mío,
	y esta noche he de casarme
	contigo.
TEODORO	No hay más que darme.
	Fortuna, tente.° be still
DIANA	Confío
	que no ha de haber en el mundo
	tan venturosa mujer.
	Vete a vestir.
TEODORO	Iré a ver
	el mayorazgo° que hoy fundo estate
	y este padre que me hallé
	sin saber cómo o por dónde.
DIANA	Pues adiós, mi señor Conde.
TEODORO	Adiós, Condesa.
DIANA	Oye.
TEODORO	¿Qué?

Line numbers: 3160, 3165, 3170, 3175, 3180, 3185

DIANA	¿Qué? Pues ¿cómo? ¿A su señora
	así responde un criado?
TEODORO	Está ya el juego trocado
	y soy yo el señor agora.
DIANA	Sepa que no me ha de dar
	más celitos con Marcela,
	aunque este golpe le duela.[19]
TEODORO	No nos solemos bajar
	los señores a querer
	las criadas.
DIANA	Tenga cuenta
	con lo que dice.
TEODORO	Es afrenta.
DIANA	Pues ¿quién soy yo?
TEODORO	Mi mujer.

3190
3195

Váyase.

DIANA	No hay más que desear. Tente, Fortuna,
	como dijo Teodoro. Tente, tente.

3200

Salen FEDERICO *y* RICARDO.

RICARDO	¿En tantos regocijos y alborotos
	no se da parte a los amigos?
DIANA	Tanta
	cuanta vuseñorías me pidieren.
FEDERICO	De ser tan gran señor vuestro criado
	os las pedimos.
DIANA	Yo pensé, señores,
	que las pedís, con que licencia os pido,
	de ser Teodoro conde, y mi marido.

3205

Váyase la CONDESA.

RICARDO	¿Qué os parece de aquesto?

_____

19   Note that from this point on Diana uses formal address with
Teodoro (**usted** today).

FEDERICO	Estoy sin seso.
RICARDO	¡Oh, si le hubiera muerto este picaño!°

lazy rogue

Sale TRISTÁN.

FEDERICO	¿Veisle? Aquí viene.
3210　TRISTÁN	Todo está en su punto.

¡Brava cosa que pueda un lacaífero°

lackeyish

ingenio alborotar° a toda Nápoles!

stir up

RICARDO	Tente, Tristán, o como te apellidas.
TRISTÁN	Mi nombre natural es Quitavidas.
FEDERICO	¡Bien se ha echado de ver!
3215　TRISTÁN	Hecho estuviera

a no ser conde de hoy acá este muerto.

RICARDO	Pues ¿eso importa?
TRISTÁN	Al tiempo que el concierto

hice por los trecientos solamente,
era para matar, como fue llano,
3220　un Teodoro criado, mas no conde.
Teodoro conde es cosa diferente,
y es menester que el galardón° se aumente,

reward

que más costa tendrá matar un conde
que cuatro o seis criados que están muertos,
3225　unos de hambre, y otros de esperanzas,
y no pocos de envidia.

FEDERICO	¿Cuánto quieres?

¡...y mátale esta noche!

TRISTÁN	Mil escudos.
RICARDO	Yo los prometo.
TRISTÁN	Alguna señal quiero.
RICARDO	Esta cadena.
TRISTÁN	Cuenten el dinero.
FEDERICO	Yo voy a prevenillo.°

get it

3230　TRISTÁN	Yo a matalle.

¿Oyen?

RICARDO	¿Qué? ¿Quieres más?
TRISTÁN	Todo hombre calle.

Váyanse, y entre TEODORO.

TEODORO	Desde aquí te he visto hablar
	con aquellos matadores.
TRISTÁN	Los dos necios son mayores
3235	que tiene tan gran lugar.
	Esta cadena me han dado,
	mil escudos prometido
	porque hoy te mate.
TEODORO	¿Qué ha sido
	esto que tienes trazado?
3240	Que estoy temblando, Tristán.
TRISTÁN	Si me vieras hablar griego,
	me dieras, Teodoro, luego
	más que estos locos me dan.
	¡Por vida mía, que es cosa
3245	fácil el greguecizar!° speak Greek
	Ello, en fin, no es más de hablar,
	mas era cosa donosa
	los nombres que les decía:
	Azteclias, Catiborratos,
3250	Serpelitonia, Xipatos,
	Atecas, Filimoclía...
	que esto debe de ser griego,
	como ninguno lo entiende,
	y en fin, por griego se vende.
3255 TEODORO	A mil pensamientos llego
	que me causan gran tristeza,
	pues si se sabe este engaño
	no hay que esperar menos daño
	que cortarme la cabeza.
3260 TRISTÁN	¿Agora sales con eso?
TEODORO	Demonio debes de ser.
TRISTÁN	Deja la suerte correr
	y espera el fin del suceso.
TEODORO	La Condesa viene aquí.
3265 TRISTÁN	Yo me escondo; no me vea.

Sale la CONDESA.

DIANA   ¿No eres ido a ver tu padre,
             Teodoro?

TEODORO   Una grave pena
             me detiene, y finalmente
             vuelvo a pedirte licencia
3270   para proseguir mi intento
             de ir a España.

DIANA   Si Marcela
             te ha vuelto a tocar al arma,[20]
             muy justa disculpa es esa.

TEODORO   ¿Yo Marcela?

DIANA   Pues ¿qué tienes?

3275 TEODORO No es cosa para ponerla
             desde mi boca a tu oído.

DIANA   Habla, Teodoro, aunque sea
             mil veces contra mi honor.

TEODORO   Tristán, a quien hoy pudiera
3280   hacer el engaño estatuas,
             la industria versos y Creta
             rendir laberintos,[21] viendo
             mi amor, mi eterna tristeza,
             sabiendo que Ludovico
3285   perdió un hijo, esta quimera
             ha levantado conmigo,
             que soy hijo de la tierra
             y no he conocido padre
             más que mi ingenio, mis letras
3290   y mi pluma. El Conde cree
             que lo soy, y aunque pudiera
             ser tu marido y tener
             tanta dicha y tal grandeza,

---

20   **te ha...** *is calling you to arms once again*

21   **Tristán, a...** "Tristán, to whom Deceit should set up statues
whom Mischief might immortalise in verse, whom Daedalus, who made
the Cretan maze might well acknowledge as the greater master," (Dixon,
The Dog in the Manger III).

mi nobleza natural
3295   que te engañe no me deja
porque soy naturalmente
hombre que verdad profesa.
Con esto para ir a España
vuelvo a pedirte licencia,
3300   que no quiero yo engañar
tu amor, tu sangre y tus prendas.[22]

DIANA   Discreto y necio has andado:
discreto en que tu nobleza
me has mostrado en declararte,
3305   necio en pensar que lo sea
en dejarme de casar,
pues he hallado a tu bajeza°   inferior rank
el color que yo quería,
que el gusto no está en grandezas,
3310   sino en ajustarse al alma
aquello que se desea.
Yo me he de casar contigo,
y porque Tristán no pueda
decir aqueste secreto,
3315   hoy haré que cuando duerma
'en ese pozo de casa
le sepulten.°   throw him down the
TRISTÁN   ['*Detrás del paño.*°]   well; backstage
          ¡Guarda afuera!°   watch out!
DIANA   ¿Quién habla aquí?
TRISTÁN   ¿Quién? Tristán,
que justamente se queja
3320   de la ingratitud mayor
que de mujeres se cuenta.
Pues siendo yo vuestro gozo,
aunque nunca yo lo fuera,
¿en el pozo me arrojáis?

---

22   In this **romance** Teodoro reveals his natural nobility of character by refusing to deceive Diana and confessing how Tristán has fabricated the story of his being Ludovico's long-lost son. In this way he earns the right to be her social equal and to marry her.

DIANA ¿Qué? ¿Lo has oído?
TRISTÁN No creas
que me pescarás el cuerpo.
DIANA Vuelve.
TRISTÁN ¿Que vuelva?
DIANA Que vuelvas.
Por el donaire te doy
palabra de que no tengas
mayor amiga en el mundo,
pero has de tener secreta
esta invención, pues es tuya.
TRISTÁN Si me importa que lo sea,
¿no quieres que calle?
TEODORO Escucha.
¿Qué gente y qué grita° es esta? shouting

Salen el CONDE LUDOVICO, FEDERICO, RICARDO, CAMILO, FABIO, ANARDA, DOROTEA, MARCELA.

RICARDO Queremos acompañar
a vuestro hijo.
FEDERICO La bella
Nápoles está esperando
que salga, junta a la puerta.
LUDOVICO Con licencia de Diana
una carroza° te espera, carriage
Teodoro, y junta, a caballo,
de Nápoles la nobleza.
Ven, hijo, a tu propia casa.
Tras tantos años de ausencia,
verás adónde naciste.
DIANA Antes que salga y la vea
quiero, Conde, que sepáis
que soy su mujer.
LUDOVICO Detenga
la Fortuna en tanto bien

con clavo de oro la rueda.[23]
Dos hijos saco de aquí
si vine por uno.

FEDERICO   Llega,
Ricardo, y da el parabién.

3355 RICARDO   Darle, señores, pudiera
de la vida de Teodoro,
que celos de la Condesa
me hicieron que a este cobarde
diera, sin esta cadena,
3360 por matarle mil escudos.
Haced que luego le prendan,°   arrest
que es encubierto ladrón.

TEODORO   Eso no, que no profesa
ser ladrón quien a su amo
defiende.

3365 RICARDO   ¿No? Pues ¿quién era
este valiente fingido?

TEODORO   Mi criado, y porque tenga
premio el defender mi vida,
sin otras secretas deudas,
3370 con licencia de Diana
le caso con Dorotea,
pues que ya su señoría
casó con Fabio a Marcela.

RICARDO   Yo doto a Marcela.[24]

FEDERICO   Y yo
a Dorotea.

3375 LUDOVICO   Bien queda
para mí, con hijo y casa,
el dote de la Condesa.

TEODORO   Con esto, senado noble,
que a nadie digáis se os ruega
3380 el secreto de Teodoro,
dando con licencia vuestra

---

23   **Detenga la...** *may a golden spike stay the wheel of this good*
Fortune
24   **Yo doto...** *I will provide Marcela's dowry*

del *Perro del hortelano*
fin la famosa comedia.[25]

FIN DE LA FAMOSA COMEDIA DE
EL PERRO DEL HORTELANO

---

25   Most Golden Age **comedias** end in this manner, in which
one of the main characters announces the play's end. The "senado noble"
whom Teodoro addresses is the audience. In this play, however, Teodoro
asks the audience to remain silent and not reveal his secret; in other
words, he asks for their complicity. This is a unique situation among
Golden Age *comedias*.

Spanish-English Glossary

THIS GLOSSARY INCLUDES WORDS and expressions glossed in the margins and translated or explained in the footnotes, as well as other lexical items that might be unfamiliar to students. Each entry includes the word's principal meaning in Lope's text, as well as additional common meanings during the Golden Age. Each entry is followed by the number of the Act in which it first appears in parenthesis.

Verbs are presented in the infinitive form, with stem changes and unusual forms in parenthesis after the entry. Following common practice, adjectives are listed in the masculine singular form, with **-a** marking the adjectives that end in **o**.

A

aborrecer to hate (I)

acomodar to prepare (I)

acudir to respond to, act in accordance with (I); to come (III)

acuerdo m. consent (I)

agraviado,-a affronted, wronged (I)

agravio m. offense (I)

aguardar to wait (I)

águila m. eagle (II)

airoso,-a graceful

ajeno, a belonging to someone else (I)

alba f. dawn (II)

alborotar to stir up, excite (III)

alboroto m. hubbub, uproar (III)

albricias f. pl. reward given to one who brings good news (II)

alcahuete m. pimp, procurer (II)

allanar to overcome (I)

almalafa f. long robe worn by Moorish women (III)

almirez m. mortar (I)

alterar to upset (I)

altivez f. pride (III)

altivo,-a proud (II)

almofrej m. camp bed; sleeping bag (I)

almohada f. cushion (II)

amortajado,-a shrouded (I)

ánimo m. courage (III)

antepuerta f. screen (II)

apartarse to move away (I)

apestado,-a m/f. a person suffering from the plague (II)

aposento m. chamber; room (I)

apoyar to support, hold (I)

aprestar to ready (III)

apretar to press (**aprieto** 1st p. present) (I)

aprisa quickly (I)

aprovechar to take advantage of (II)

arañar to scratch (II)

arcaduz m. waterwheel (II)

arco m. bow (II)

arrebol m. red flush (II)

asegurar to assure (I); guarantee or seal a deal (III)

asir to grasp, hold onto (**asgo** 1st p. present) (II)

atesorar to possess (II)

atreverse to dare (I)

azar, azahar m. orange blossom (I)

azor m. hawk (I)

azucena f. white lily (I)

azumbre m. liquid measurement equivalent to about two liters (III)

B

bachillera f. foolish, silly (II)

bachillería f. foolishness (I)

bajá m. pasha, high ranking official in the Ottoman Empire (III)

bajeza f. baseness (I); inferior social rank (III)

barriga f. belly (I)

barro m. clay (III)

batán m. fulling hammer (II)

baúl m. trunk (I)

bellaco, bellacón m. rogue (II)

bien puesto,-a well-dressed (I)

bizarría f. spirit (III)

blandura f. softness (I)

blasón m. heraldic device (II)

bofetón m. blow or slap across the face (II)

bravo m. fierce, brave man; hit man (III); adj. showy, fine (III)

bufete m. small writing desk (II)

burlar to trick (I)

C

caber to fit (**quepo** 1st p. present, **cupo** 3rd p. preterit) (II)

calabaza f.; **calabazón** m. pumpkin (I)

calzas f./pl. breeches (I)

cansado,-a tedious (II)

cardenal m. bruise (I)

cartilla f. reading primer (I)

carroza f. horse-drawn carriage (III)

casta f. breed of animal (II)

catedrático, catredático m. professor, both spellings were normal at the time (II)

cautela f. caution (I); cunning (II)

cebada f. barley (I)

celar to be jealous (III)

celos m. pl. jealousy (II)

cerrar to attack; close (**cierro** 1st p. present) (I)

cerro m. hill (III)

cesto m. basket (I)

chacota f. banter, joking (III)

chapín m. high, cork-soled clog worn over women's shoes (I)

cirujano m. surgeon, quack (I)

cobardía f. cowardice (II)

cobre m. copper (III)

color quebrado m. pale (III)

conceder to concede (I)

concepto m. conceit; intention (I)

concertar to reconcile, make peace between (**concierto** 1st p. present) (II)

concierto m. plot (II)

condesa f. countess (I)

congelado,-a frozen (I)

conjeturar to suspect, speculate (III)

consejo m. counsel, advice (II)

contrito,-a contrite (II)

coral m. lip (metaphor) (I)

corrido,-a ashamed (II)

cortina f. screen; curtain (I)

criado m. servant (I)

crisol m. crucible (I)

cruz f. sign of the cross (II)

cuadra f. room (I)

cuello m. collar (II)

cuenta f. consideration (III)

cuerda f. bowstring (II)

cuerdo,-a sensible (I)

cuidado m. concern (I)

cuitado,-a cautious (I)

curación f. cure, remedy (I)

D

dar el parabién to congratulate (III)

dar parte to inform (I)

dar vaya to mock (II)

decoro m. decorum (I)

de improviso unexpectedly (II)

desatino m. folly, foolishness (I)

descartar to drop, discard (II)

descolorido,-a pale (III)

desconfiar to doubt, distrust (I)

desconfiado,-a distrustful (I)

desdén m. disdain (I)

desdeñar to reject, disdain (II)

desdeñoso,-a disdainful (II)

deslealtad f. betrayal, disloyalty (I)

deslumbrar to overwhelm (I)

desmayarse to weaken, faint (II)

despachar to send (II); to get rid of (III)

despedir to dismiss (**despido** 1st p. present) (I)

despojos m./pl. spoils of battle (III)

desprecio m. scorn (II)

desterrar to banish (**destierro** 1st p. present) (II)

desvanecerse to be carried away (**desvanezco** 1st p. present) (II)

desvergüenza f. shamelessness (I)

detener to stop, hold back (**detengo** 1st p. present) (I)

deudo relative (I)

dicha f. happiness (I, II)

dichoso,-a happy, fortunate (I)

diestro,-a shrewd (I) m. swordsman (I)

dilatado,-a extended (I)

diligencia f. effort (I)

discreto,-a prudent (I); m. prudent man (I)

disparate m. nonsense, crazy idea (II)

doblez m. fold (I)

donaire m. joke (I)

dotar to pay someone's dowry (III)

dote m./f. dowry (II)

dudoso,-a doubtful (I)

duende m. ghost (II)

dueño m. master (II)

E

embarcar to embark (II)

emplasto m. poultice (I)

empresa f. enterprise (I); emblem (II)

en alboroque in gratitude for (III)

encantamento m. enchanted spell (II)

encarecer to praise (**encarezco** 1st p. present) (I)

enfrenar v. curb, restrain (II)

engañado,-a mistaken (I)

engaño m. trick, deceit (I)

enhoramala expl. damn it (I)

enmendarse to resolve, rectify (**enmiendo** 1st p. present) (I)

enmienda f. resolution (I)

enredo m. intrigue (III)

entender to find out; understand (**entiendo** 1st p. present) (III)

entendido,-a wise (I)

entendimiento m. understanding (I)

entretener to make bearable, entertain (conjugated like **tener**) (I)

envidioso m. envious person (I)

ermita f. hermitage (III)

escarmentarse to learn a (negative) lesson (**escarmiento** 1st p. present) (II)

escaso,-a small, cramped (I)

escribanía f. writing materials (II)

escudo m. ducat (I)

escusar, excusar to exempt (II)

esgrimidor m. gladiator; swordsman (I)

espuelas f./pl. spurs (III)

estafeta m. courier (II)

estopa f. tow (a flammable fiber) (I)

estorbar to stop (II)

estrella f. fate; star (I)

F

faldellín m. petticoat (I)

falido,-a bankrupt (I)

ferreruelo m. short cape (I)

fiar to etrust (I)

fieltro m. cloak (II)

fingido,-a feigned, false (I)

fingir to feign, pretend (**finjo** 1st p. present) (II)

firmeza f. constancy, steadfastness (II)

flema f. slowness, sluggishness (I)

frisón m. Friesian, large carriage horse (III)

furibundo,-a furious

G

galardón m. reward (III)

galas f. pl. fancy clothes (III)

galera f. galley ship (I)

gallardía f. elegance (I)

gallardo,-a elegant, graceful (I)

gallina f. chicken, slang: coward (I)

gavilán m. hawk, slang: thief (I)

generoso,-a of noble blood (I)

gente f. servants (III)

gentileza f. courtesy (I)

gentilhombre m. manservant (I)

gozar to possess in a sexual sense (I)

gracia f. charm, grace; wit (I)

greguecizar to speak (invented) Greek

grita f. noise, shouting (III)

grosero,-a vulgar, crude (I)

guardar to watch out, hold on to (III)

gustar to take pleasure in (III)

gusto m. pleasure (I); taste (I)

H

hábito m. dress (III)

hacer extremos to show excitement (III)

halagar to show affection to, flatter

(II)
hazaña f. deed, act (III)
hierro m. iron (III)
holgar(se) to be happy, pleased (**huelgo** 1st p. present) (I)
hombre de valor m. gentleman (I)
honroso,-a honorable (I)
hopalandas f./pl. wide skirt, tunic (III)
hurtar to steal (I)

I
importunar to bother (I)
infamar to discredit (II)
ingenio m. wit (I)
intercadencias f.pl. fits and starts (II)

J
jaco m. coat of mail (I)
jarabe m. syrup (II)
jazmín m. jasmine (I)
jergón m. straw mattress (I)
jugar to gamble; play (**juego** 1st p. present) (I)
jurar to swear (II)

L
labor f. needlework (I)
lacaitero,-a befitting a lackey (III)
lacayo m. lackey (I)
lágrima f. tear (I); a type of wine (III)
lazo m. loop (in writing) (I)
legajo m. sheaf (of papers) (I)
león m. ruffian (slang) (III)
letrado m. advocate, lawyer (II)
licencia f. license, leave, permission (III)

lienzo m. handkerchief (II)
lodo m. mud (III)
lucero m. bright star (I)
luto m. mourning (III)

LL
llano,-a straight-forward, unassuming; obvious (III)

M
majadero m. nuisance, fool (I)
malvasía f. a type of wine (III)
mancebo m. youth, bachelor (I)
mano de almirez m. pestle (I)
marfil m. ivory (I)
margen m/f. shore (II)
marqués m. marquis (I)
mayorazgo m. estate inherited by primogeniture (III)
mayordomo m. majordomo (I)
medio m. remedy, solution (III)
medrar to thrive, be successful (III)
melindres m./pl. affectations (I)
menester m. need (II)
menguar to diminish, lessen (II)
mentís m. accusation of lying (I); from the verb **mentir**
mercader m. merchant (III)
merced f. favor (I)
miel f. honey (II)
milagroso,-a marvelous (I)
mojada f. stab, knife thrust (III)
mojicón m. punch in the face (I)
moreno m. dark-haired or dark-skinned man (III)
mozo m. young man (III)
mudanza f. change (II)
mudo,-a m/f. mute person (II)
murciélago m. bat; fig. cat burglar

(I)

murmurar to mutter (I)

N

nave f. ship (III)
necedad f. foolishness (I)
necio,-a stupid (I)
nema f. seal of a letter (II)
niña f. pupil (of the eye) (I)
nogal m. walnut tree (I)
notar to dictate (II)
nueva/s f./pl. news (III)

O

obligación f. gratitude; obligation (II)
ocasión f. opportunity (I); danger, risk (III)
olla f. pot (III)
olmo m. elm tree (III)
osar to dare (I)

P

paja f. straw (I)
paje m. page (I)
panza f. belly (I)
paño m. curtain (III)
papel m. note; love letter; paper (I)
parabién m. thanks (II); congratulations (III)
parapeto m. parapet (I)
parecer m. legal opinion (II)
parentesco m. kinship (I)
parir to give birth (III)
paso m. step (I)
pena f. sorrow, pity; shame (I)
pendencia f. quarrel; fight (I)
perder el seso to lose one's head (I)
perdición f. loss (II)

perla f. pearl; tooth (metaphor) (I)
pesia tal expl. damn it (I)
piadoso,-a compassionate (I)
picaño,-a n. lazy, shameless (III)
pícaro m. rogue (II)
pliego m. sheet of paper; page (I)
pluma f. feather (I)
porfía m. persistence (I)
porte m. porterage, the cost of delivery of a letter (II)
posada f. lodgings, inn (II)
potencia f. faculty (I)
prendas f./pl. moral qualities (I)
prender to arrest (III)
presa f. prey (I)
presto quickly; soon (I)
prevenir to get, bring (conjugated like **venir**) (III)
privado m. favorite (person in someone's favor) (I)
privanza f. confidante (III)
privar to favor a person (II)
proa f. prow of a ship (II)

Q

quietud f. quiet, tranquility (II)
quimera f. fantastic or crazy idea; chimera (III)

R

rapaz m. youngster (III)
rasgar to tear (I)
rasgo m. swirl (in writing) (I)
rastro m. tail of a comet (II)
rayo m. lightening (bolt) (II)
rebozado,-a with the face covered (I)
recado m. message (II)
recelar to fear, suspect (II)

récipe m. medical prescription (II)

recogerse to go to bed (I)

regocijo m. delight, rejoicing (III)

remedio m. remedy, solution (III)

rendir to consent (**rindo** 1st p. present) (II)

reñir to quarrel (**riño** 1st p. present) (II)

reparar to consider; parry (fencing); repair (I)

repelar to pull someone's hair out (II)

reprehender to scold (II)

reportarse to compose oneself (III)

requiebro m. flirtatious compliment (I)

resolución f. resolve (I)

resolverse to be resolved (**resuelvo** 1st p. present) (I)

restar to remain (II)

reventar to burst (**reviento** 1st p. present) (III)

reverencia f. curtsey (I)

revolver to turn upside down (e.g., a house), look through (**revuelvo** 1st p. present) (I)

rocín m. nag (III)

rogar to beg (**ruego** 1st p. present) (I)

rúbrica f. flourish in a signature (I)

S

sangría f. bloodletting (II)

sastre m. dressmaker, tailor (I)

seguro,-a off-guard, confident (I)

sentir to feel or think about (**siento** 1st p. present) (II)

sepultar to bury, conceal (III)

signo m. sign, zodiac sign (II)

soberbia f. arrogance (I)

sobrescrito m. addressee, envelope (II)

soles m. eyes (metaphor) (II)

solicitar to court (II)

sombra m. shadow (I)

sonrojarse to blush (I)

sosegar to be calm (I)

sotana f. cassock (III)

sueño m. dream (I)

sucesión f. heir, child (III)

sujeto m. topic (I)

sustento m. livelihood (I)

T

talle m. figure, appearance (I)

tapiz m. tapestry (II)

tejedor m. weaver (I)

temerario,-a reckless, foolhardy (III)

templar to cool (**tiemplo** 1st p., present) (I)

tenerse to wait (**tengo** 1st p. present) (I); to be still (III)

tercero m. go-between (II)

tirano m. tyrant (I)

título m. titled nobleman (I)

tornasol m. sunflower (II)

tosco,-a coarse, rough (I)

trasladar to transcribe (I)

traspié m. stumble, trip (III)

trasponer to turn back (**traspongo** 1st p. present) (III)

traza f. plan, strategy (I)

trazar to plan, plot, arrange (III)

treta f. trick (I)

trocar to exchange; change (II)

tronar to thunder (II)

tronco m. tree trunk (I)

turbado,-a worried (I)

turbarse to worry (I); be embarrassed (II)

V

vaina f. sheath of a sword (II)

valer to protect; to be worth (**valgo** 1st p. present) (II)

vano,-a vain (II)

vario-a different (III)

veleta f. weathervane (II)

vencer to win over; conquer (**venzo**

1st p. present) (I)

vendaval m. whirlwind (II)

venturoso,-a fortunate (I)

vil base (II)

vuestra señoría, vuseñoría your ladyship; lordship (I)

Y

yedra f. ivy (III)

Z

zarandajas f./pl. trifles (III)

Pedagogical Exercises

THIS SECTION IS DESIGNED to guide students through some of the events, themes and ideas that we consider key to understanding this play from a literary, as well as a performative approach.

Part I: Discussion Guides
Students should use these guides as a tool to complement the reading and to obtain a better and deeper understanding of the play. They can also serve as discussion guides for the instructor during class.

Act I

1. Analyze the characters that appear in Act I in terms of their personality, social class, physical traits, and comportment.

2. Analyze the settings in which Act I takes place. What is the importance of each one?

3. What strategies does Diana use in this act to communicate her attraction to Teodoro?

4. What is Diana's main conflict at the conclusion of Act I?

Act II

1. How do Marcela, Teodoro and Diana develop as characters in Act II? Point out specific scenes that illustrate their moral development.

2. How can the title *El perro del hortelano* be justified in relation to the play?

Act III

1. How do Federico and Ricardo evolve as characters in Act III?

2. What solution does Tristán find for Teodoro and Diana to be together? Do you think Tristán's invention of a noble pedigree for Teodoro can be justified in the context of the play, or is it an illicit swindle?

3. Describe specific ways in which Diana and Teodoro are similar.

4. Is it really a happy ending for Diana? For Teodoro? For Tristán? When answering this question, be sure to consider the last words of the *comedia*, spoken by Teodoro:

> Con esto, senado noble,
> que a nadie digáis se os ruega
> el secreto de Teodoro,
> dando, con licencia vuestra,
> del *Perro del Hortelano*
> fin la famosa comedia. (vv.3378-3383)

Conclusions
What are the main themes that Lope brings out in the play? In your opinion is there any social critique in the way he explores and depicts those themes?

Part II: Performance Workshop
This section is designed to give instructors some ideas for incorporating performance into a lesson plan. It is key to emphasize to students that any successful performance exercise or workshop depends on a previous exhaustive analysis of the text. Instructors can choose to in-

corporate performance exercises into comprehension and analysis discussions, or they can devote an entire lesson to a performance workshop.

1. Opening scene

The play opens *in medias res* with Teodoro and Tristán fleeing from the Countess' quarters in the middle of the night.

Groups of 4 students: Teodoro, Tristán, Diana and Fabio

Students read the scene in groups and discuss and decide how they will stage it. Note that movements, intonation, entrances and exits are crucial in this scene. Once the groups are prepared, the instructor calls on one or two groups to present their interpretations.

> TEODORO: Huye, Tristán, por aquí.
> TRISTÁN: Notable desdicha ha sido.
> TEODORO: ¿Si nos habrá conocido?
> TRISTÁN: No sé; presumo que sí.
>
> *Vanse. Sale DIANA*
>
> DIANA: ¡Ah gentilhombre!, esperad.
> ¡Teneos, oíd! ¿qué digo?
> ¿Esto se ha de usar conmigo?
> Volved, mirad, escuchad.
> ¡Hola! ¿No hay aquí un criado?
> ¡Hola! ¿No hay un hombre aquí?
> Pues no es sombra lo que vi,
> ni sueño que me ha burlado.
> ¡Hola! ¿Todos duermen ya?
>
> *Sale FABIO*

FABIO: ¿Llama vuestra señoría?
DIANA: Para la cólera mía
                gusto esa flema me da.
                Corred, necio, enhoramala,
                pues merecéis este nombre,
                y mirad quién es un hombre
                que salió de aquesta sala.
FABIO: ¿De esta sala?
DIANA: Caminad,
                y responded con los pies.
FABIO: Voy tras él.
DIANA: Sabed quién es.
FABIO: ¿Hay tal traición, tal maldad? (vv. 1-26)

2. Diana's Conflict

This sonnet summarizes Diana's main conflict throughout the play. In that sense, a thorough understanding of it is key.

Diana: 1 student

This exercise demonstrates the importance of literary analysis and of understanding every word and feeling of a particular character in order to perform a role. One student reads Diana's sonnet aloud. Then the whole class together or in groups of 3 or 4 students do a thorough textual analysis of Diana's sonnet, imagining the tone she would use for each of the emotions she expresses. After a general discussion, the same student reads the sonnet aloud again, keeping in mind what has been discussed by the class. The class can then give feedback to the student on intonation, body movement, and facial expression with respect to his or her performance.

DIANA: Mil veces he advertido en la belleza,
                gracia y entendimiento de Teodoro,
                que a no ser desigual a mi decoro,

estimara su ingenio y gentileza.
  Es el amor común naturaleza;
mas yo tengo mi honor por más tesoro,
que los respetos de quien soy adoro,
y aun el pensarlo tengo por bajeza.
  La envidia bien sé yo que ha de quedarme;
que si la suelen dar bienes ajenos,
bien tengo de que pueda lamentarme,
  porque quisiera yo que, por lo menos,
Teodoro fuera más, para igualarme,
o yo, para igualarle, fuera menos. (vv- 325-338)

3. Diana's Fall

Group exercise: 3 or 4 students
The instructions for this exercise are written to be read directly to or
by students.

In your group, read the following scene and describe its meaning, symbolism and importance. Imagine that you are the director and must
decide how you will direct the actress playing Diana. Do you think
her fall should be exaggerated so that the audience could clearly per-
ceive the fakeness and double meaning of the scene? Or would you
choose to stage a more realistic and delicate fall? Explain your answer
to the class.

[Se] cae [DIANA]

                       ¡Ay Dios!
          Caí. ¿Qué me miras? Llega,
          dame la mano.
TEODORO: El respeto
          me detuvo de ofrecella.
DIANA: ¡Qué graciosa grosería!
          ¡Que con la capa la ofrezcas!

TEODORO: Así cuando vas a misa
                   te la da Otavio.
DIANA: Es aquella
                   mano que yo no le pido,
                   y debe de haber setenta
                   años que fue mano, y viene
                   amortajada por muerta.
                   Aguardar quien ha caído
                   a que se vista de seda,
                   es como ponerse un jaco
                   quien ve al amigo en pendencia;
                   que mientras baja, le han muerto.
                   Demás que no es bien que tenga
                   nadie por más cortesía,
                   aunque melindres lo aprueban,
                   que una mano, si es honrada,
                   traiga la cara cubierta.
TEODORO: Quiero estimar la merced
                   que me has hecho.
DIANA: Cuando seas
                   escudero, la darás
                   en el ferreruelo envuelta;
                   que agora eres secretario:
                   con que te he dicho que tengas
                   secreta aquesta caída,
                   si levantarte deseas. (vv. 1143-1172)

Vase

4. Editing Practice

Group exercise: 2 or 3 students

Tristán's visit to Count Ludovico is a key scene for the play's final resolution. The main plot line is interrupted while Tristán performs a

captivating and extravagant "one man show." Teodoro's and Diana's fate depends upon whether Tristán can convince Count Ludovico, through this charade, that he has found his long-lost son also named Teodoro.

In groups, students edit the scene from Act III (vv. 2754-2921) to shorten it by approximately 2/3 of its original length. Students should carefully monitor their editorial choices since Tristán leaves some loose ends in his narration of the story that could have serious consequences if one's thinks beyond the superficial happy ending that concludes the play. The instructor can call on a group to read the scene and discuss their editorial choices with the rest of the class and open the debate to other editing alternatives.

5. Universality of the Play

Group exercise: 3 or 4 students

The instructions for this exercise are written to be read directly to or by students.

In groups, brainstorm which ideas or concepts illustrated by the play are still relevant for today's audience. Imagine that you need to adapt this play to a contemporary context. What contemporary context would you choose? Think specifically about how you would "translate" to present day the play's central conflict: love vs. honor.

Part III: Discussion Guide for Pilar Miró's 1995 film adaptation, *El perro del hortelano)*

Pilar Miró's film adaptation is an excellent pedagogical and visual tool and we recommend that students view it after reading the play. This section provides a discussion guide based on a comparison between the film and the original text. Ideally, the instructor should prepare this guide as a homework assignment so that he or she can devote an entire class session to discussion of the film.

1. What do you think of the characters' portrayal in the film? Diana, Teodoro, Marcela, Tristán, Duke Octavio and Count Federico.

2. Miró introduces some shots and scenes that are not a specific part of the play; in other words, she interprets some of the play's scenes in a way that is more appealing to a contemporary audience. Such is the case in the following scenes:

- The opening scene with the passionate kiss between Teodoro and Marcela
- The scene in which Diana goes to the kitchen to apologize to Teodoro after giving him a nosebleed
- The scene in which Diana is followed by her servants carrying a chair
- The *mojiganga* performance outside the church
- The extravagant dance at the end of the film
- The exterior shots

What do you think about each of these additions? Do they enrich the original play? In what ways?

3. In your opinion, what are the strengths and weaknesses of this adaptation?

4. Choose a specific scene from the movie that you think is interesting and analyze it. Prepare a 5-minute presentation of your ideas.

To help you prepare your presentation:

- Describe the scene in detail: actions, colors, camera moves, actors' movements and speech, music, and other cinematographic techniques.

- Compare the scene in the movie with the scene in the play.

- Why do you think the scene is important or interesting?

- If you were the director, would you do something different? Explain.

Part IV: Final Project

Objective

The objective of this final project is to collaborate in small groups/ teams throughout the course to learn about the different aspects involved in the theatrical experience, such as production, direction and performance. In contrast with the other exercises, this project does not need close supervision by the instructor. Once the guidelines are made clear and the groups/teams have been formed, each cohort will work independently for the duration of the course towards a final project.

Instructions

Once in groups, students can follow these steps in preparation for their final performance:

1. Select one scene from *El perro del hortelano* that catches your group's interest.

2. Edit the scene, keeping track of all the editorial changes and decisions made.

3. Design the costumes by drawing sketches. For the performance there is no need to recreate the designs or use any costumes, just wear theater blacks.

4. Choose the prop(s) required in the scene and write a rationale justifying their use.

5. Think about any special effect(s) and music needed in the scene and write a rationale that describes and justifies your choices.

6. Cast the scene, assigning acting roles among the participants of your group. In addition to the actors, each group should have a director. If there are still more participants than roles, the instructor can assign other tasks for the final performance, such as a photographer or an assistant director for the group.

7. Design and create a program for your scene.

8. Take photographs of or film the rehearsals.

9. Each group member should write a personal report about the expectations, challenges, impact and significance that this project had on an academic and personal level.

10. All the materials prepared should be included in a group portfolio that will be presented to the instructor on the day of the final performances.

The instructor should reserve one or two class sessions (usually at the end of the course) for group presentations. Ideally each scene performance should be followed by a brief session of questions and constructive criticism by the rest of the class.

Checklist of material presented in the portfolio

_____Edited Scene
_____Costume Sketches
_____Prop(s) List and Rationale
_____Special Effect(s) and Music Rationale
_____Sample Artistic Program
_____Photo Gallery
_____Personal Essays

CPSIA information can be obtained
at www.ICGtesting.com
Printed in the USA
LVHW010106230921
698477LV00003B/573